南菁课程文化丛书

杨培明 总主编

刘正旭 著

怎样上好高中语文审美课

南京师范大学出版社

图书在版编目(CIP)数据

怎样上好高中语文审美课 / 刘正旭著. — 南京：
南京师范大学出版社，2023.10
（南菁课程文化丛书 / 杨培明总主编）
ISBN 978 - 7 - 5651 - 5678 - 6

Ⅰ. ①怎… Ⅱ. ①刘… Ⅲ. ①中学语文课—课堂教学
—教学研究—高中 Ⅳ. ①G633.302

中国国家版本馆 CIP 数据核字(2023)第 006448 号

怎样上好高中语文审美课
ZENYANG SHANGHAO GAOZHONG YUWEN SHENMEIKE

作　者	刘正旭	
责任编辑	张丽琼	
出版发行	南京师范大学出版社	
地　址	江苏省南京市玄武区后宰门西村 9 号(邮编:210016)	
电　话	(025)83598919(总编办)　83598412(营销部)　83371351(编辑部)	
网　址	http://press.njnu.edu.cn	
电子信箱	nspzbb@njnu.edu.cn	
照　排	南京凯建文化发展有限公司	
印　刷	南京迅驰彩色印刷有限公司	
开　本	787 毫米×1092 毫米　1/16	
印　张	12.25	
字　数	188 千	
版　次	2023 年 10 月第 1 版	
印　次	2023 年 10 月第 1 次印刷	
书　号	ISBN 978 - 7 - 5651 - 5678 - 6	
定　价	58.00 元	
出版人	张　鹏	

"南菁课程文化丛书"
编 委 会

主　任：杨培明

主　编：杨培明

编　委：（以姓氏笔画为序）

马维林　印晓明　冯德强　刘　丽　刘正旭

孙远景　杨培明　张敏军　陈　亚　陈卫东

林　玮　周　源　赵长缨　徐　建　徐海龙

程　岭　戴加成

总　序

　　《道德经》的结束语："故天之道，利而不害；人之道，为而弗争。"真正的教育应该有天一样包容万物、自由生长的胸怀，每个学生都能像禾苗沐浴在阳光雨露中一样，按照生命的规律自由生长。教育尊重每个学生的存在，让学生获得人性的张扬，学生的进步不是受外在的强迫，而是源于其内在力量的充分生长，每个学生都是独特的，各有各的精彩。因为，教育魅力和价值的伦理起点在于人存在的未确定性、不完善性，以及因此而具备的"成长性""可能性""超越性"，教育应在自然生命、个体生命的基础上，朝向实现文化生命、价值生命塑造的方向努力，而教育的伟大就在于她赋予生命无限的可能性，在心灵与心灵的对话中完成灵魂的重塑，成就生命的美好和人生的幸福。

　　遵循这样的教育哲学观，南菁中学致力于为学生提供好的课程，通过丰富多彩的课程架起学生"从此在到彼在"（海德格尔语）、从有限到无限的桥梁。应该给学生什么样的课程，南菁课程设计的起点和制高点在哪里，这是首先要回答的问题。因为，学校的课程选择体现了一所学校的办学理念和价值追求，选择什么样的课程是基于对该课程本体价值的认同以及一所学校的历史文化传统和校本课程资源，学校课程的建设是师生对教育价值理想的无限追求与教育现实可能性完美结合的产物。

　　南菁的课程建设正是在历史和现实抑或未来之间探索教育的可能，力求在对百年书院文化精髓的提炼、化育和升腾中找到我们的起点，在对促进师生生命幸福的教育追求中找到课程建设的制高点。

　　肇始于1882年的南菁书院，名称取朱熹名言"南方之学，得其菁华"之意。在育人的价值追求上以"忠、恕、勤、俭"为校训，在办学理念方面注重博学、包容，强调质疑、反思、互动和辩论，不仅探讨经史子集，也十分关注社会实际问题。书院在课程内容上，主张德识并重，涉猎广泛，具有通识教育的特点。从教学风格看，南菁书院的教育非常自由，倡导学术创新，学生学习也体现出自主的特点。当时出现了黄体芳、王先谦、黄以周等一大批有影响的学者大家。在由北大理学中心发起、南菁中学承办的"南菁书院与近世学术研讨会"上，与会的海内外专家学者对南菁书院文化给予高度评价，他们认为，南菁书院文化在中国学术史上的地位甚至需要重新认识，其学术要旨不仅是中国传统文化的宝贵财富，亦是南菁这所现代百年名校走向未来的根底所在。南菁书院创始人黄体芳重视营造宽松和自主的学习氛围，提倡研讨和辩论，从思维方式、行为准则和科学精神等方面为书院定下了"崇尚勤读，提倡朴学，知行并重，关注社会"的独特文化基调。南菁深厚的文化底蕴，特别是南菁文化所蕴含的教育理念和价值追求是学校发展的精神财富。在对南菁文化的挖掘、传承和创新中，我们形成这样的共识：挖掘、传承和借鉴南菁书院时期的教育文化遗产，将优秀传统的文化精髓和办学理念融入现代教育发展之中，积极致力于课程文化建设，以对美的追求进行课程开发，是百年南菁教育发展的必由之路，其美好未来令人神往。

在对教育的生动实践和理性思考中，我们逐渐认识到，教育最根本的目的在于培养人的价值追求，办关注师生生命幸福的教育，让学生不断摆脱自我的束缚，走向更宽广的精神高地。学校的课程文化要体现出和谐、包容的特质，处处给人以愉悦的美感，陶冶着师生的性情，孕育出师生心灵深处对美的无限追求。南菁课程实践所追求的正是经由优美到崇高，达到人性的高尚。因此，美育逐渐走进南菁的教育视野。

2011年，南菁中学被江苏省教育厅命名为首批"江苏省美育课程基地"。随着美育课程体系建设步伐的加快，学校教学方式也发生了深刻的转变，教学生态发生了根本的变化，教与学呈现出了全新的气象。南菁的课程建设从教学价值重建、教学资源开发、教学空间拓展、教学内容突破以及教学场域构建等维度展开，以美育为主线的南菁课程体系日趋完善。围绕美育开展的教学，超越了知识本身，充分满足人的生命价值需要，彰显出深刻的人文关怀。如语文组开展的课上五分钟演讲，学生分专题探讨社会文化生活问题，短短的五分钟成就了一门魅力无穷的课程，这无论从课程价值立意还是从课程开发的创意上看都是值得肯定的。"窗外的桃园"是围绕"美"这个中心，展现花季少年所见所闻、所思所想、所感所悟。窗外有桃园，窗外即桃园，他们心向桃园，则处处是桃园。"国兰与文化"则是由南菁中学跨学科整合，进行综合课程开发的典型。这门课包含"兰花养殖""兰花诗词鉴赏""兰花描摹创作"等内容，体现了科学与人文相结合的课程开发思路，以"君子品性"为立意的兰花精神提升了学生的品格。"失传之古欹器复制""北大人文先修课程系列""论语选读"等三十多门与中华优秀传统文化密切相关的美育课程实现了对学生精神成长的引领，数学、英语、化学、政治等学科立足学科特点进行拓展课程开发，改变了传统课堂教学的生态，教与学的方式都实现了深度变革。南菁1948届校友沈鹏先生以其博大胸怀和对南菁的深厚感情，捐赠其创作和收藏的艺术作品设立沈鹏艺术馆，该馆成为南菁重要的美育资源。贾晨霄老师开发的"沈鹏书法艺术赏析"课程就是以沈鹏艺术馆的作品为重要资源，让师生一起感悟中华书法的艺术魅力和沈先生的崇高艺术境界。学校2020年建成了江苏省微科技课程基地，科技创新课程带给学生创造创新的无限乐趣。凌一洲同学更是斩获"宋庆龄青少年发明金奖"，并出版"南菁课程文化丛书"中的《微科技实践录：实验探究与创意发明》，成为南菁历史上首位在校出版个人科技专著的学生。历史组开发的"江阴考古""中学生历史剧的创作与表演"则从科学和艺术的视角让历史教学充满了美学内涵。地理组开发的"江阴生态农业""仰望星空"等课程旨在激发学生关注社会、理解生活、创造未来的热情，拓宽了学生学习的时空，让学生通过解决复杂情境中的问题，建构知识。徐海龙老师在2017年发起"地理大发现"研学旅行，弘扬徐霞客精神，培养学生素养。近几年他们走过了四川、重庆、陕西、甘肃、青海、新疆等地，积累了丰富的研究成果，收获了良好的社会反响，专著《碧海苍梧》也应运而生，为研学旅行课程的建构与实施提供了一个非常好的南菁样本。刘正旭老师和语文组的同人立足日常语文课堂教学实践，在学校大美育课程的统领下，探索高中语文审美课堂的建设，形成了相对系统的课堂教学思考，其《怎样上好高中语文审美课》一定程度上改变了当下语文教学中的"迷恋、迷乱、迷失"现象，改善了教学生态，提高了教学效益。学校2022年建成江苏省劳动教育实践基地，劳动教育实践风生水起，相关专著也在整编中。

真正的教育应该是一种带有精神信仰、价值取向与人生坐标意义的教育。近年来，南菁德育以培养南菁气质为主要目标，不断提升德育工作的水平。"南菁课程文化丛书"中《我的教育故事》和《拔节的声音》展现了教师的教育智慧和师生"有思想会表达""有责任敢担当""有爱心能宽容"的南菁气质。我们试图通过营造审美的教育生活，构建全面、系统而又具有浸润、濡染功能的美育课程，让审美的精神深刻地融汇于师生校园生活的每一个细节中，让学生在一个物质化的社会中葆有心中的净土，教会他们以中国立场、全球视野来看待社会，以高度的历史使命感和人文情怀投身于生活的洪流之中。

为了系统总结近年来学校美育的实践经验，进一步提高今后南菁美育课程建设水平，学校组织编写了这套"南菁课程文化丛书"，这既是学校美育课程的教材，亦是南菁美育课程建设的成果。这套丛书的出版，首先要感谢南菁的老师们在课程开发中所做的努力，他们对学生的爱，他们的汗水和智慧都熔铸在了他们所进行的卓有成效的课程实践中，我为他们所取得的成果感到骄傲。其次要感谢丛书所有的编写人员，丛书能与师生见面，离不开大家的辛勤劳动。从汇总资料、组织编写、编辑设计到丛书出版，用了半年左右的时间，如果没有对学校的深厚感情，没有对南菁事业的热爱，这样的任务是不可能完成的，我为这个优秀的团队感到骄傲。

党中央在十八届三中全会上提出了"坚持立德树人"，"完善中华优秀传统文化教育"，"改进美育教学，提高学生审美和人文素养"。加强美育，立德树人，这是党在中央文件中对包括南菁中学在内的所有学校提出的殷切期望，也是加快拔尖创新人才培养的重要举措，南菁将坚守全面育人的价值追求，为实现中华民族伟大复兴的中国梦培养更多的优秀人才。承担着光荣的育人使命，未来的南菁，将以大美育课程体系作为课程建设的统领，融合历史和现代两条轴线所代表的教育寓意，以整合、融合和综合为主要方式，构建集学校教育、家庭教育、社会教育为一体的综合课程教学体系，形成全科育人、全程育人、全员育人的良好局面，着力构建审美课堂，让美育渗透在学校教育的各个环节，让师生过幸福的教育生活。

"再现百年书院风采，打造大美南菁新姿！"这是南菁中学课程体系建设的理念，也是学校课程建设的目标，是一代南菁人对南菁未来发展的愿景。我们相信，在这样的目标引领下，南菁教育的园地一定会出现各美其美、美美与共、美不胜收的美好景象。

杨培明

2019 年 6 月 12 日

（作者系江苏省南菁高级中学校长）

序言　审美视域下的高中语文课堂观察

张克中

　　以前常听到一句话：要把语文课上成语文课。可是语文课该有的样子是什么，每个人描述的又都不一样。这就让一线的语文教师很头大：到底怎样的课堂才是语文的课堂？语文课堂怎么样上才算完成了教学任务？我们又该如何去判断语文课堂是不是实现了教学的目的？其实纠结于这些问题本身也许是没有实际意义的，母语教育的课堂范式或许本身就不存在。但这些问题的价值在于给我们提供了一个观察、思考并实践母语教育的视点，实际上不少一线教师这么多年的实践也非常有价值。近年来，刘正旭老师牵头江苏省南菁高级中学教师为主的江阴语文教师团队就在探索和实践这些命题，他们从立德树人的课程高度思考语文课程标准的落地，以语文核心素养"审美鉴赏与创造"来观照课堂的教学形态，抬高课堂教学的起点和立意，努力将语文从碎片化的字词句章泥淖中解脱出来，将教学与育人结合起来，使语文课堂教学初步呈现教、学、评互促共进的美好样态。

一、教什么：感性体验与理性思辨的双重考量

　　语文课堂教什么？这似乎不是个问题，但又时常让一线教师们犯难。专家们说不能教教材，要用教材教！教师们的感觉是教教材我还可以教"字词句篇语修逻文"，用教材教我该教什么呢？江阴的课题团队所研究实践的语文审美课堂给出来的答案是教文本美点（点、体验美），习文体规律（面、寻求真），通过点面结合，让学生掌握知识、明白规律并运用知识和规律去拓展迁移。

这个答案是有意义的。文本当然要教，但其目的不在文本而在素养，这就是用教材教的意思。难能可贵的是，这些教师们基于学习者的视角，将文本美点具体化为文字美、韵律美、色彩美、反差美、情感美、智性美、生命美……让学生的体验有了抓手，素养有机会落地；教师们还尝试梳理了文体教学的基本规律，引导学生从叙事学的角度学习小说、理解文本想让读者看到的世界，带领学生在诗歌精炼的语言、精巧的意象、精致的手法之中吟咏玩味、沉潜思悟……这让语文教学更具理性和专业性。

对语文课堂教什么的思考实质上是对语文价值定位和文本教学价值的思考。语文要有独立品格，文本是客观存在，教学必须服务于成长——知识丰富、人情丰润、精神丰赡、思想丰厚等都要顾及！因此，审美课堂特别强调文本教学价值的发现与重构，在平淡处发现至味，在无疑处生发疑惑。有教师在阅读《江南的冬景》的时候，发现"天垂暮了，还可以加一味红黄，在茅屋窗中画上一圈暗示着灯光的月晕"中的"红黄"和"月晕"本是同一意象，明明是"一点"色彩，郁达夫却用了"一味"来形容，这是为什么呢？教师可以借此引导学生在语言玩味中体会江南冬天的清寒与诗意。这样的发现一方面需要教师的敏锐，另一方面更需要学生的体验与思辨：常用来修饰中药的数量词用来修饰色彩，表明对色彩数量的要求是相当高的。郁达夫先生笔下恰到好处的当然不只是优美的画意，还有浓郁的人情。课堂的审美意味就这样在词语的品咂当中汩汩而出了。

二、怎么教：任务群背景下教与学的双向互动

"怎么教"既是教学技术，更是教学艺术。一节课，教师唱独角戏，讲得再精彩，从新课标的角度去判断，都难说"好"，更无法誉之为"美"。美的课堂是氛围愉悦、教学相长尤其是学有所获的课堂，美的课堂一定是学习者有体验的课堂。课堂是学生学习的主要场所，只有学生的学习热情被充分激发，学生能在课堂上积极思考、主动交流、善于表达，这样的课堂才能因为有体验而被称为"美"。

苏教版教材在引导教师"怎么教"上曾经做过很大的努力，"文本研习"

"问题探讨""活动体验"三种学习方式的提出，就是想改变语文课上教师滔滔不绝、一讲到底的积弊。遗憾的是十多年过去了，语文课堂并未有实质性的变化——没人听课的时候，绝大部分教师的课堂还是教师的讲堂！有改变的恐怕只是教师的认知和理念层面，苏教版提倡的学习方式并未在高中课堂中真正落地，这是非常令人遗憾的事情。

2017年版的《普通高中语文课程标准》将"学习任务群"作为推动教与学方式改变的主要载体，它自诞生以来就一直遭受"冰火两重天"的境遇，给人的感觉就像"叫好不叫座"的电影。专家、学者普遍认为这是改变语文教学现状的好方法，强调在"做中学"，对学生语文素养的形成无疑是有促进作用的。而一线教师则普遍认为情境难设置、任务难设计、教学难实施，教师们宁愿在熟悉的泥泞道路上靠惯性滑行，也不愿花点时间换到高速路上奔驰。从效率的角度看，这显然是不明智的。可喜的是，以刘正旭老师为代表的江苏省南菁高级中学的老师们，不仅有理念的认识，还有行动的实践，他们在审美课堂中将情境任务设置和学生在任务完成过程中的表现放到了非常重要的位置，这就是有体验的学习，这就是主动学习，这就是实践性学习，他们用变革学习方式推动了课堂教学的改变。比如有教师以"谁是杀害祥林嫂的凶手"为学习任务，要求学生从《祝福》文本中找到依据，从直接的到间接的，从表象的到本质的，当学生明白所有能找到的"凶手"背后都受封建礼教左右的时候，他们对文本的理解就上了一个台阶。老师们说，课堂上有生命的生长才是美丽的，我很赞同。

三、如何评：当下表现和审美期待的双轨并行

建构一种教学模型除了教学主张引领和教学实践示范外，教学评价是无法省略的重要一环。崔允漷老师的课程团队率先在国内提出评价设计先于教学设计，其意义就是想让教师们懂得"在还没有出发的时候就知道自己最终要到达的地点在哪里"的价值。江阴审美课堂的研究者们就这样做了，他们从教师表现、学生表现、课堂整体表现三个维度，围绕审美能力形成的不同侧面规范课堂教学，尤其在学习资源重构、学生活动过程、学生素养形成等

三个方面花了大力气进行实践性研究,其角度、层级、指标十分明确,整个体系的构建也是完备的。

在评价过程中,教师们特别强调学生审美进阶的过程和审美共生的发展。既关注学生的当下状况,又关注学生的素养发展,这是对教学规律的尊重,也是对教师、学生的尊重。我们知道,课堂教学评价不是为了给教师的教学、学生的学习定性,而是帮助师生找到更好的教与学的方法,更快捷地达成期望中的教学效果。

我注意到,教师们对评价作用的理解也是可圈可点的。首先,评价是一种促进学习的手段,这个手段促进了教师的学习。教师们需要按照具体的设计要求去整合资源、规划活动、组织开展交流,在这些过程中对其自身的专业学习与发展无疑是有促进作用的。其次,评价设计在促进教师专业能力提升的同时又能对学生学习质量的提升起到较为显著的作用,学习者面对的评价方向、评价过程、评价内容与之前相比有了崭新的变化。教学相长的课堂画面就充满真实动人的和谐美!更让人高兴的是,这个团队的专业研究成果已经在区域内推广,而评价在其中是起了重要的引领作用的。

审美是一种素养,在某种意义上也是一种理想。审美课堂一定程度上就是现阶段教师们心中的理想课堂。需要指出的是,现在课堂模式的提法有很多,审美课堂在明确个性特质、彰显根本属性上还可进一步凝练提升,让语文审美课堂能够真正花开千树、美不胜收。但无论如何,这至少表明教师们是想做事的,单是这一点就值得肯定和赞赏。我相信,只要教师们坚守立德树人的课程目的,坚持语文核心素养的课程目标追求,高中语文课堂教学就会有一个美好的未来。同时,这也是每一位母语教育从业者的职业理想与专业责任。

(作者系江苏省高中语文教研员,江苏省特级教师,正高级教师)

目 录

绪论　高中语文课堂教学的变革与重建

一

语文是什么？语文课程设置的目的是什么？对这两个问题的认识是搞好高中语文课堂教学的关键所在。

对语文是什么的问题，学术界的解读可谓丰富多彩。比如，语文是语言文字，语文是语言文学，语文是语言文章，语文是语言文化，等等。叶圣陶先生认为语文就是口头语言和书面语言的合称，"'语文'一名，始用于1949年华北人民政府教科书编审委员会选用中小学语文课本之时。前此中学称'国文'，小学称'国语'，至是乃统而一之。彼时同人之意，以为口头为'语'，书面为'文'，文本于语，不可偏指，故合言之"①。

而语言文字的运用是当代学者基本认同的语文内涵。张中原、徐林祥主编的《语文课程与教学论新编》，基于现代语言学的发展，认为"'语文'就是指通过听说读写等言语活动去养成听说读写的能力，以适应社会生活中的听说读写的需要。……语文不是语言文学，也不是语言文章，而是语言的运用"②。《普通高中语文课程标准（2017年版）》则明确"语文课程是一门学习祖国语言文字运用的综合性、实践性课程"。

那么，语文课程设置的目的是什么？1904年，清政府遵照《奏定中学堂

① 叶圣陶. 叶圣陶集（第25卷）［M］. 南京：江苏教育出版社，1994：33.
② 张中原，徐林祥. 语文课程与教学论新编［M］. 南京：江苏教育出版社，2007：16.

章程》，独立设"语文"科并明确"其中国文学一科，并宜随时试课论说文字，及教以浅显书信、词、文法，以资官私实用"①。新中国成立之后的多个语文教学大纲或课程标准，都明确了学生语言文字运用能力的提升是语文课程的基本目标。《普通高中语文课程标准（2017年版）》课程性质部分也强调了在"真实的语言运用情境中"，"把握祖国语言文字的特点和运用规律，加深对祖国语言文字的特点和运用规律，培养运用祖国语言文字的能力"；同时明确语文课程应"发展思辨能力，提升思维品质，培育社会主义核心价值观，培养高尚的审美情趣，积累丰厚的文化底蕴，理解文化多样性"。

综上，学习语言文字的运用是语文的天然使命，在此过程中，语文学习还要兼顾思维培养、价值观培育和审美情趣培养，以积累文化底蕴、理解文化多样。换言之，语文课堂要立足语文的四个核心素养展开，即"语言建构与运用""思维发展与提升""审美鉴赏与创造""文化传承与理解"。从这个层面看，当下的不少高中语文课堂似乎背离了语文的内涵和语文课程设置的目的。

一是窄化。《北京文学》早在1997年就专门刊登文章对语文教学围绕"字词句章语修逻文"等知识展开的现象进行了讨论。老师因为先学习而拥有知识，学生因为总有新知识输入而觉得学有所获。一段时间之后，很多一线教师、学生家长、专家学者等发现，这样的教学并没有真正意义上提高学生的语文能力和语文素养。最有说服力的事实是，能将语法知识说得头头是道的学生却读不懂现代白话文写出的散文，写不出文从字顺、符合逻辑的800字左右的文章，更说不出对人情冷暖的感知和对社会问题的看法！显然，这不是语文的全部，也不是语文学习的全部！语文有知识但不是仅有知识，语文教学不排除知识教学但不能只是知识教学！

2001年基础教育新课程实验正式启动。20世纪末讨论的重点问题，即语文教什么的问题得到部分解决，研究者开始关注一线教师的教学理念和课堂教学的方式方法；实践者也更多从教学操作层面研究语文和语文课堂。语文

---

① 舒新城. 中国近代教育史资料（上册）[M]. 北京：人民教育出版社，1961：205.

课堂的教学面貌发生了一系列变化。最显著的变化是变革了教师"一言堂"的教学模式，小组合作学习开始流行。随着科学技术的进步，PPT、VR等教育技术走进课堂，音乐、美术等各学科融入了语文课堂。一方面，确实将语文课堂向前推进了一步；另一方面，也将语文应试教育向前推进了一步——提高效率之后，老师们有更多时间、更大可能围绕高考开展日常语文教学。在"办人民满意教育"的现实语境下，老师们仍将教学定义为"为分数服务"的活动，语文教学理科化、常规积累讲义化、日常教学影音化、能力培养习题化等现象层出不穷。这也是核心素养时代、高考改革已然明确的今天，依然顽固地存在着窄化语文和语文教学现象的重要原因之一。

二是泛化。语文教学的泛化问题一直为人诟病。"让语文姓语""语文课要有语文味""不要'种了别人的田，荒了自己的地'"等呼吁和告诫，就是对语文泛化现象的自警与自省。语文课一度因窄化而受到批评，语文老师们也想方设法地进行改进和提升。音视频、PPT等不仅丰富了教学手段，也让拓展教学内容不再困难，语文课一时间变得非常热闹。然而，物极必反。试想，一节课大部分时间用于演示和拓展的话，文本怎么办？思维怎么办？文史哲固然不分家，音乐、表演等艺术形式在一定程度上也有助于引起学生兴趣或提升学生能力，工具性和人文性当然是语文的基本属性，但这些并不等于可以将语文的内涵随意扩大。"通过语文教学，培养学生的语言能力是根本，是重点，是显性目标；提高学生的人文修养是渗透，是融合，是隐性的，是所有人文学科的共同目标"①。无论文本对象是人文历史的还是自然科学的，无论是情感的抒发、观点的阐释、道理的论证，还是现象的呈现、规律的探求、理论的说明，在语文课上都是基于语言文字的。立足于词句理解、语言品味、语言运用的教学才是真正的语文教学。

随着新课程改革的深入，尤其是指向发展学生学科核心素养的课程标准推出之后，研究者更多地将目光聚焦到学生身上。从以知识为本到以人为本，人们开始更多地研究学生的学习方式、研究学生的课堂参与、研究学生在学

---

① 谢称发. 如此教语文，语文方姓"语"[J]. 江西教育，2019（5）：73-74.

习中的成长。教材编写也发生了变化，立足素养，编写模块，强化探究，鼓励整合。高中语文课堂教学呈现以大单元教学为背景、以真实情境为基础、以学习任务为驱动的新样态。这显然是符合学生语文学习规律和语文素养要求的。同时，这也给习惯于单篇教学的语文老师们带来了极大的挑战——理念滞后、方向迷茫、方法缺失，甚至连"怎样的课才是一节好课"这样的基本问题都变得模糊。语文的泛化又呈现另外一种现象：为了完成大单元多文本的教学任务而没有时间在颇有意味的字里行间"来回地走"；为了完成设置的情境任务而需要花不少时间解释情境甚至是引进新知；为了体现学生主体、展示学生素养，将语文课变成了部分学生的语文课或者干脆就是优秀学生的展示课！大部分同学的语文课就在看热闹中"滑"过去了。其中确实有改革过程中必须经历的曲折阶段，但对现实语文教学的影响也是不容忽视的。

2021 年，江苏、湖南、湖北、河北、广东、福建、重庆、辽宁等八省市继上海、浙江后跨入新高考改革的行列。新高考试题对课堂教学的影响也逐渐显现。从八省联考试题到正式落地的近两年高考试题，都透露出关注语文素养、注重真实语境中运用的走向。面对考试越来越关注阅读能力、文体规律，越来越不关注知识点（考点）的现状，语文课堂教学立意也要从知识点教学、能力点训练及时调整到阅读习惯培养、阅读能力涵养和文体规律的理解把握上。这就要求语文教学关注真问题、真能力和真规律，这也给传统以"刷题"为主的高三课堂教学带来了极大的挑战。

钟启泉先生在研究我国基础教育阶段课堂的时候，提及了"课堂危机"。他说"'课堂危机论'并非危言耸听。自从上世纪美国教育家西尔伯曼（E. Silberman）出版《课堂的危机》以来，课堂危机的研究就成了世界性的课题"。[①] 钟先生又指出"正视课堂危机是促进课堂创新的牵引力"[②]。尽管高中语文教学一直在"一路走一路改"，然而无论是从语文课自身的发展看，还是从"三新"背景下的教与评的新要求看，语文课堂都要进行重建了。

---

① 钟启泉. 读懂课堂［M］. 上海：华东师范大学出版社，2015：89.
② 钟启泉. 读懂课堂［M］. 上海：华东师范大学出版社，2015：91.

二

"重建"是令人充满美好想象的字眼，包含着对打破旧秩序、创建新世界的无限希冀。语文课堂的重建也是如此。一线教师无不希望通过自身的努力改变语文不让人满意的地方，试图建立起学生与文本、学生与课堂、学生与老师、课堂与素养、阅读与训练之间的一种既合乎学生成长规律又合乎素养养成规律的语文教学新模式。本色语文、精致语文、深度语文、生命语文、简约语文、语文味语文、诗意语文，生本课堂、生态课堂、生命课堂、生成课堂等，各种语文主张与课堂模型在现实需求里破土而出、蓬勃发展。

笔者自诩是教育的理想主义者，也一直试图描画出心目中理想的语文课堂的样子——

它应该和《论语·子路曾皙冉有公西华侍坐》中描写的场景一样，让学生成为课堂的中心：师生平等、对话教学、因材施教、关注生命、关注未来……尤其是孔子赞不绝口的"莫春者，春服既成，冠者五六人，童子六七人，浴乎沂，风乎舞雩，咏而归"，学生为主、素养为本、发展为要的理念体现得淋漓尽致。

它应该似都德《最后一课》中描绘的那样，"他（韩麦尔先生）说，法国语言是世界上最美的语言最明白，最精确；又说，我们必须把它记在心里，永远别忘了它，亡了国当了奴隶的人民，只要牢牢记住他们的语言，就好像拿着一把打开监狱大门的钥匙。说到这里，他就翻开书讲语法"……"语法课完了，我们又上习字课。那一天，韩麦尔先生发给我们新的字帖，帖上都是美丽的圆体字：'法兰西''阿尔萨斯''法兰西''阿尔萨斯'。这些字帖挂在我们课桌的铁杆上，就好像许多面小国旗在教室里飘扬""他转身朝着黑板，拿起一支粉笔，使出全身的力量，写了两个大字：'法兰西万岁！'"语文课堂就该从语言文字开始，并且透过语言文字建构的文本大厦，传承本民族的文化，直抵精神和灵魂。

它应该是梁实秋《我的一位国文老师》里描摹的"他打着江北的官腔，

咬牙切齿地大声读一遍，不论是古文或白话，一字不苟地吟咏一番，好像是演员在背台词，他把文字里蕴藏着的意义好像都宣泄出来了。他念得有腔有调，有板有眼，有情感，有气势，有抑扬顿挫，我们听了之后，好像已经理会到原文意义的一半了。好文章掷地作金石声，那也许是过分夸张，但必须可以朗朗上口，那却是真的"。课堂的示范者是老师而不是音视频！只有这样，才能让学生真正掌握"文字里蕴藏的意义"，从表面的文字美升华到背后的思想美。

它应该是电影《嗝嗝老师》中奈娜老师创设的课堂：将学生们带出教室，把课堂设在操场上，通过玩篮球时球的弹跳，讲述势能、动能等物理知识；将熟鸡蛋从空中飞掷到每个孩子的手里，在孩子们吃鸡蛋的时候，讲解鸡蛋抛掷过程中形成的抛物线知识，从而引出方程式——创设学习情境，在真实的情境中开展学习活动；它应该是海因里希·伯尔在《流浪人，你若到斯巴……》里所述的"这里留着我用六种字体写的笔迹：拉丁印刷体、德意志印刷体、斜体、罗马体、意大利体和圆体。清楚而工整地写了六遍：'流浪人，你若到斯巴……'"——课堂能给学生以精神信仰；它应该是金克木先生在《国文教员》里所说的"引我进了文字，而我也被文字纠缠了一辈子"——课堂能给学生以成长引领……

这些具体而微的课堂，从不同角度给笔者以启发和思考。笔者所在的江苏省南菁高级中学从 2010 年前后就开始致力于美育课程开发与实施的研究实践。为策应美育课程建设，学校提出了要建设学科审美课堂。2017 年年初，笔者申报的《基于南菁书院文化的高中语文审美课堂研究》通过了省教育科学规划办公室"十三五"规划课题的审核，作为青年专项的重点自筹课题立项。审美课堂成了笔者研究、重构语文课堂的出发点和落脚点。之后，《普通高中语文课程标准（2017 年版）》面世，语文核心素养揭开神秘面纱：语言建构与运用、思维发展与提升、审美鉴赏与创造、文化传承与理解，与笔者关注的审美课堂的追求高度吻合。从语言文字出发，让学生通过咀嚼语言感悟情感、体悟思想，提升思维、传承文化，让学生在文字纯美的世界里了解社会的"真"、认识人性的"善"、体悟情感的"美"，进而开拓思维的空间，让精神成长和灵魂丰裕闪耀理性之美。这更加坚定了笔者以审美化教学为核心构建语文审美课堂的决心和信心。

三

审美课堂是实施审美化教学的课堂。西南大学教授赵伶俐认为，"审美化教学是指将所有的教学因素（诸如教学目标、内容、方法、手段、评价、环境等）转化为审美对象，使整个教学过程转化成为美的欣赏、美的表现和美的创造活动，使整个教学成为静态和动态和谐统一、内在逻辑美和外在形式美高度和谐统一的整体，从而大幅度提高教学质量，减轻学习负担，使师生都获得身心愉悦的一种教学思想、理论、操作模式和教学行为"①。因此，审美课堂除了关注审美化的学习内容（语言文字的语音美和结构美、文字中洋溢的情感美和逻辑美、文字背后的思想美和精神美）外，还要关注学习目标（指向完善人而非仅指向掌握知识）、达成目标的方法（合乎知识逻辑、学习本质和成长规律）以及目标的达成度（有无知识的补白、成长的愉悦）。

哲学家席勒把人的精神解放和完美人性作为美育的最终目标。这也正是美育的价值所在。笔者所倡导的高中语文审美课堂就是着眼于"完整的人"的培养，挖掘教材中的审美元素、以审美体验为主要手段，让学生在具体的任务情境中品读语言、探究思辨、强化理解、解决问题的活动过程。教材的审美化转化、教学目标的拟定、审美体验的方式方法、教学过程中的师生关系、生生关系、课堂教学评价等都是审美课堂研究的题中之义。

本书共分为七章。第一章主要说明高中语文审美课堂建构的必要性；第二章是对可能性的研究；第三章至第六章从实践操作的层面，围绕高中语文审美课堂的学习目标、教材整合、课堂教学、人际关系、教学评价等问题，详细探讨了审美课堂构建的过程、方法和注意点；第七章是审美课堂的南菁实践，包括操作方法和实践案例，试图给出各种不同文体的审美课堂教学范

---

① 范蔚，赵伶俐. 审美化教学论［M］. 北京：北京师范大学出版社，2016：7.

式；附录收录了笔者和青年教师陈彬洁应邀外出上课的部分教学设计。

以审美的视角考量高中语文课堂是将语文教学放在了一个更高水准的专业平台上。语文的专业性常常遭到质疑——学生一段时间不学，照样能听懂，甚至照样考高分；其他学科的老师们在要求听课又没有自己学科的情况下，第一选择肯定是语文！这是因为现在的语文教学基于文本解读，和母语的日常生活实践紧密相通，所以听得懂是必然，但不能因此质疑语文的专业性——能听懂却不一定能理解语言的规律、文体的本质！而审美课堂是基于文本规律和学习本质的教学，它更注重对文学规律和本质的把握，更关注学生的身心状态，在进行审美体验时还需要审美相关知识的支架支撑。换言之，体验之美是"满堂灌"课堂的有益补充，理性之美是感性课堂的有益补充，而本真之美是浅俗课堂的有益补充。语文教学的专业性要求自然就提高了。

以审美的视角考量高中语文课堂是将语文教学放在了一个更高要求的育人平台上。审美课堂的培育"完整的人"的理念正契合了教育立德树人的根本任务。很长一段时间以来，语文课进行的是知识教学；新课标实施后，语文教学突破了知识的藩篱，但又给人"为他人作嫁衣裳"的感觉，语文还是没有真正较好地发挥育人的功能。审美课堂视域下，"完整的人"就是知识完备（与学业质量要求相当）、德性高尚（与国家社会需求相当）、情智充沛（与时代要求相当）、精神明亮（与高贵品质相当）的人。将学生作为"未来完整的人"纳入教学的视线，丰富了语文课堂教学意蕴，提升了课堂教学品位，为学科育人提供了样板，实现了德育、智育和美育的有机融合。

以审美的视角考量高中语文课堂是将语文教学放在了一个教学相长的互动平台上。审美课堂对师生的审美基础都提出了一定的要求。就教师而言，除了常规的文本解读能力，还要有挖掘文本"美点"、依"美点"重整教学内容的能力，要有调动学生学习热情、掌控课堂节奏的能力，要有正确评价学生表达和引领改善学生表达的能力……审美课堂还重视师生关系、生生关系在学习活动中产生的影响。良好的师生关系能将学生很快带进要学习的内容中，良好的生生关系能更迅速地解决教学过程中设置的问题。在两者的共同作用下，学习任务的完成和学生个体的成长也能得到更好的促进。

笔者突然想到交响乐团的演出。尼采说："没有音乐，生命是没有价值的，而交响乐是音乐中的音乐，是音乐中神圣的殿堂，而且它具有博大的、高远的、深厚的精神境界。"一次成功的交响乐团演出，固然离不开优秀的指挥，但也离不开弦乐组、木管组、铜管组、打击乐组和色彩乐器组等各个器乐组的密切配合，离不开演奏家对乐曲的深刻理解。唯其如此，人们才能在恢宏的齐奏中感受力量磅礴，在美妙的独奏中体会清丽与明艳；才能在乐曲尽情流淌的节律中捕捉浓郁的情感和深邃的哲思。这倒与审美课堂颇为相似。教师是指挥，学生是乐手，课堂就是指挥和乐手共同完成一部恢宏的作品（奠基人的成长）。这离不开师生之间、生生之间、师生和文本之间、师生和任务之间的高效互动，只有这样才能达成让人满意的效果。从另一个层面看，交响乐一般分为四个乐章——第一乐章：奏鸣曲式，快板；第二乐章：复三部曲式或变奏曲，慢板；第三乐章：小步舞曲或者谐谑曲，中、快板；第四乐章：奏鸣曲式、回旋曲式或回旋奏鸣曲式，快板。这又与审美课堂的推进不谋而合。第一乐章就是课堂的情景式导入，节奏较快；第二乐章是师生活动，充分展开的学习过程，节奏舒缓；第三乐章是学生总结，节奏相对快；第四乐章，相当于教师点评，收束全文。因此，笔者更愿意将审美课堂的样态概括为"交响和鸣"，即在师生与文本的交互作用下，共同奏响让人身心愉悦又充实的成长进行曲。

有人告诉我，"交响乐"的名称源自希腊语，意即"一起响"。借用到审美课堂上，就是让我们"一起成长""一起向未来"。

第一章　新课程标准下高中语文课堂为何要转型

一直以来，高中语文课堂教学都有这样的现象：平时上课和公开教学是两种样态。这里存在一种悖论，知道平时上课的状态不好但不肯改变，明白公开课是应该有的样态但不愿坚持。因此，课堂转型的话题总被提及，课堂转型也始终只在路上。笔者以为，课堂转型要真正落地，必须符合课程标准的要求，在理念上有深入的认识，在行动上有可操作的抓手，在保障上有可驱动的评价。基于语文审美化教学的课堂转型，一方面与核心素养立意的语文教学相吻合，另一方面与人的成长成才也较匹配。

第一节　高中语文课堂教学转型是时代发展的必然

从 20 世纪 90 年代开始，学术界对语文教学的"声讨"从未停止。平心而论，教材本位、知识本位、应试本位，理科化知识解构、视频化课堂教学、政治化文本解读，老师讲得太多、学生参与过少，等等，各个层面的各种问题也的确存在于现阶段的语文教学中，这些问题和当下人们对课堂、学习和教育的认识也确实相背离。换言之，高中语文课堂教学必须转型。

1. 立德树人背景下的课堂意涵

《现代汉语词典》中对课堂的释义是"教室在用来进行教学活动时叫课堂，泛指进行各种教学活动的场所"。显然，这里将课堂理解为开展教学活动的物理空间，这个空间的主导者是教师。百度百科认为"课堂是学生学习的场所，学生是学习的主体，学习的主人"。这里将课堂看成学生学习成长的物理空间。钟启泉则指出"课堂是儿童成长的场域""是培育'文化传递力与文化创造力'的场域""是儿童体验'文化创造的共同体'的场域"①。他特别强调了课堂不是单纯的物理空间，是和教学内容、方法、师生关系等密切相关的"社会的、政治的、历史的、文化的空间"②。

党的十八大报告首次明确要"把立德树人作为教育的根本任务"，党的十九大报告再一次提出要"落实立德树人根本任务"。而课堂是学校教育的主阵地。因此，立德树人的根本任务要在课堂上得以有效落实。在立德树人背景下审视高中语文课堂，我们不难发现，课堂不能仅仅是物理空间，更重要的应该是教师完成立德树人任务、学生实现知识提升人格成长的空间，从根本上说，它是学生"习得"的空间。因此，课堂要从教材本位、知识本位和应试本位转向知识建构、素养培育，面向学生成长。

2. 核心素养视域中的学习理论

学科核心素养是《普通高中语文课程标准（2017 年版）》的新的基本理念，是学科育人价值的集中体现，"是学生通过学科学习而逐步形成的正确价值观念、必备品格和关键能力"③。它明确了学生学科学习的方向、目标，规约了学校的课程发展和教学实践。学科素养的形成有赖于学生在具体的学科或生活情境中的锻炼。就像一个厨师，不经过烹饪实践，光有烹调知识是做不出一桌美味佳肴的。语文核心素养主要包括"语言建构与运用""思维发展与提升""审美鉴赏与创造""文化传承与理解"四个方面。这四个方面需要学生在积极的语言实践中积累、建构，在真实的语言运用情境中沉淀、升华。从这个角度看，语文课堂应该提供更多的情境供学生实践、运用。这就要求课堂从教师的知识解构变为学生的知识建构，从学生的听、看、记变为多感官共同参与的综合活动。

项目化学习被认为是核心素养时代最值得推广的学习方式。因为它强调"做中学"，符合学习的基本规律，能激发学生的学习热情。项目化学习"需

---

① 钟启泉. 课堂研究［M］. 上海：华东师范大学出版社，2017：引言 1 - 2.

② 钟启泉. 课堂研究［M］. 上海：华东师范大学出版社，2017：引言 2.

③ 中华人民共和国教育部. 普通高中语文课程标准（2017 年版）［M］. 北京：人民教育出版社，2018：4.

要进行学习的设计"，"将其归纳为三个设计要素：学习情境、学习规则、学习工具"，[①] 让学生在真实情境中，运用学习规则、借助学习工具完成学习任务。这就显然与传统的行为主义教学观念主导下的课堂有了不同。在行为主义教学中，以教师的"讲"为主体，学生只是在老师的指导下被动地认知、理解；而在项目化学习中，学生在老师的支持下自主运用所学知识来解决问题，完成能力建构和素养落地。

3. "教育是服务"语境下的成长需求

教育的定义见仁见智，但其使人在知识和思想上的成长是共同的认知。作为一种职业，教育服务于受教育者的成长是传统也是趋势。孔子有言，"大学之道，在明明德，在亲民，在止于至善"；许慎在《说文解字》说"教，上所施下所效""育，养子使作善也"；英国教育家斯宾塞认为"教育为未来生活之准备"……他们都谈到了教育对象的成长目标，以今天的教育理论看，这里必然包含了教育对象对自己成长的需求和期许。

在教育成为重要民生工程的今天，教育要为学生成长提供服务的理念更加深入人心。个性化的成长需求要求学校能提供个性化的教育。学校要尽力提供适合每一个孩子的课程，教师要努力给每一个孩子提供课堂参与的机会。如此一来，过去教师"一言堂""满堂灌""一刀切""整齐划一"的课堂再也不能满足社会、家长和学生的要求，原有的课堂教学方式方法自然要有所调整和改进。

钟启泉教授在《课堂转型》一书中介绍了"翻转课堂"这一"课堂转型的国际经验"。他认为，翻转课堂"可以真正摆脱拘泥于死记硬背、低阶思维的'表层学习'的状态实现优质的教学""是一种指向培育'终身学习者'，引领学生的主体性的教育方式，拥有缔造未来之教育的能量"。[②] 换言之，翻转课堂可以成为课堂转型的方向。与此同时，钟教授也指出"仅仅从形式上

---

① 夏雪梅. 项目化学习设计：学习素养视角下的国际与本土实践［M］. 北京：教育科学出版社，2020：9.

② 钟启泉. 课堂转型［M］. 上海：华东师范大学出版社，2017：13.

翻转，不会带来任何教学的增值作用"①。事实上，翻转课堂在我国目前阶段还存在认知、观念、技术等许多问题。或许正是因为如此，翻转课堂才没有能得到广泛认同和推广。在书中，钟教授还以上海为例，介绍了课堂转型的本土实践。这些成功实践的共同点在于让学生站在课堂中央，改变了"知识传递"和教师"一言堂"的教学模式。

第二节　高中语文审美化教学的内涵建构

进入 21 世纪以后，西南大学美育研究中心赵伶俐教授、南京师范大学教育科学学院李如密教授、江苏省教育科学研究院杨九俊研究员就审美化教学、教学美的价值和创造、语文审美课堂等专题分别进行过研究，并取得了一定的成果。2017 年版《普通高中语文课程标准》颁布以来，"审美鉴赏与创造"以语文核心素养的方式进入了研究者和一线教师的视野，审美化教学引起了更多的关注，形成了一股实践和研究的浪潮。

1. 高中语文审美化教学的主旨意蕴

荷尔德林说，人诗意地生活在大地上。审美化教学以培养"独立完整的人"为立足点、关注教学全过程——从内容确定到教学实施到评价方法，都在审美化教学的研究视域中。就高中语文而言，审美化教学就是要指向"语言建构与运用、思维发展与提升、审美鉴赏与创造、文化传承与理解"等语文核心素养，挖掘文本的教学价值，采取利于学生接受的教学方式，达成培养"独立完整的人"的目标。其核心要义是基于文本形式和内容，培养语文核心素养，塑造能感受诗意生活、会诗意生活的人。

北京师范大学肖川教授在《教育必须关注完整的人的发展》一文中指出："教学的任何一个环节，要达到的任何一个具体目标，都应自觉地朝向这个教学的终极目标——完整的人的发展，并且使任何一个教学活动与教学环节，

---

① 钟启泉. 课堂转型［M］. 上海：华东师范大学出版社，2017：15.

都能作为通向这个终极目标的步骤而存在。"① 这就告诉我们教学全过程都要以关注学生为根本。在教学内容和教学价值的确定上，要了解学情现状，清晰期待走向，明了达成路径；在教学方式的选择上，要切实有利于学生的"学"而不是仅仅完成老师的"教"；在教学评价的考量上，要始终关注学生的学习效果。换言之，高中语文审美化教学，是将教学的全过程都看作审美对象，使整个语文学习的过程成为学生发现语言文字美、欣赏思想情感美、反思观念价值美、创造成果表达美的过程；进而使学生沉浸在求美的教育生活里，享受学习的乐趣、成长的幸福。

2. 高中语文审美化教学的基本遵循

作为一种美学范畴，审美体验是美学中的核心问题。"审美体验是贯穿于创造、欣赏、消费及传播之始终的精神活动"②，从一定意义上说，审美体验是从感性到理性、感觉到素养的必由之路。因此，高中语文审美化教学特别注重学生学习过程中的真切体验，倡导以审美体验为核心，遵循文本特点，设计教学环节。

审美体验发生在具体的情境当中，包括个人体验情境、社会生活情境和学科认知情境。个人体验情境是学生自己主动阅读时的情感体验，一般来说，这部分学生有较好的阅读基础和联想想象能力，常有独到的阅读体悟，他们愿意尝试不同的阅读方法，有意识地进行文学创作。社会生活情境是教学过程中教师为帮助学生理解和掌握文本内容、情感而设置的联系社会生活和文本的纽带，这种情境要面向所有学生，让他们在具体而微的情境中，理解作者的语言、体味作者的情感、表达自己的感受。学科认知情境研究的是学科本体相关的问题，侧重在学科知识的认知与理解。无独有偶，新课程标准明确指出，"真实、富有意义的语文实践活动情境是学生语文学科核心素养形成、发展和表现的载体"，主张让学生在具体的情境中学习语文。正是在这个意义上，笔者认为，高中语文审美化教学应当以鼓励学生在具体情境中进行审美体验为基本遵循。

---

① 肖川. 教育必须关注完整的人的发展. 清华大学教育研究［J］. 2001（3）：24-29.
② 万书元. 论审美体验. 江苏社会科学［J］. 2006（4）：15-19.

3. 高中语文审美化教学的课堂实施

马克思在谈及"完整的人"的时候，将自有时间的获得和应用、合理需要的满足作为其基本要素。这里蕴含着如下意蕴：完整的人的培养不能仅靠灌输，要重视自我发展、尊重主体需求。高中语文审美化教学在课堂实施的时候，就要给学生留足阅读、体验、思考的时间，坚决摒弃教师"一言堂""满堂灌"的传统做法，以具体情境中的适切的任务驱动学生的学习。爱尔兰诗人叶芝说："所谓学习，并不是往头脑里灌输知识，而是在心中燃起一盏明灯。"① 高中语文审美化教学所期待的正是在课堂上先有点点星光，继而群星璀璨。

有人说，课堂首先是一种无关知识的态度，与教师无关的学习。显然，与知识无关不是说审美化教学不讲知识，而是先有关注"人"的态度；与教师无关不是说审美化教学不要教师，而是先种下"学"的种子。在此基础上，审美化教学在课堂实施中更强调情感的交融。唯有如此，才能产生学生与文本、学生与作者、学生与任务、学生与学生、学生与老师之间的共情之美。要引起重视的是，教学目标的确定、内容的选择、策略的运用、媒介的使用，都可以刻意追求"美感"、专门加以"美化"，但渗透在日常教学中的情感难以"刻意"与"专门"。站在这样的立场上再来反思"教学是一门艺术"才是更有意义的一件事。

基于以上思考，笔者以为，审美化教学就是以培养完整的人为价值旨归，基于教材文本，设计具体情境，以学生在情境中的审美体验为主要手段，重视师生情感交流，指向学科核心素养的课堂教学思想和操作方法。它关注包括教学目标、内容、方法、手段、评价等在内的全过程，关注教材、教师、学生等全方位内容，关注过去、当下、未来的全时空；既有追求目标，又有实践操作的方法。更为难得的是，经过时间和实践的双重检验，它不但没有弱化，反而在新课标的背景下得到了强化。

高中语文课堂教学的积弊在于教学目标应试化、教学内容知识化、教学

① 秋田喜代美. 学习心理学：教学的设计 [M]. 东京：左右社，2012：239.

手段鼠标化、教学方式训练化、教学评价分数化。翻转课堂一方面有技术优势，另一方面也更受技术的限制。而审美化教学则避开了这个问题，更贴合当下的教学实际。蔡元培先生曾提出"以美育代宗教"的观点。就语文学科而言，以"美"来统摄教学和育人，教学就有了更高的立意。无论内容、手段、方法还是评价，任何一方面要达到愉悦、解放与自由的境界，高中语文教学就必须心中有素养和育人两个"标"、目中有学生和教师两群"人"、手中有情境任务和情感交流两种"法"、脚下有发展学生和提升教师两条"路"。这样一来，假以时日，高中语文教学的积弊一定能得到很好地解决。

江苏省南菁高级中学把实施审美化教学的课堂称为"审美课堂"，并且已经连续六年面向全国高中进行审美化教学同课异构的课堂展示。笔者在多年的观察、实践的基础上提出，高中语文审美课堂是立足审美化教学，挖掘语文教材中的审美元素、以审美体验为主要手段，让学生在具体任务情境中品读语言、探究思辨、强化理解、解决问题的课堂。南菁和江阴地区高中语文教师的教学实践表明，在这样的学习过程中学生收获的不仅是语文素养的提升，还有格局境界、精神气质的提升。在这个意义上，审美化教学成为高中语文课堂教学转型的方式和方向就毋庸置疑了。

第二章　什么是高中语文审美课堂

2017 年版《普通高中语文课程标准》的颁布，从国家意志的层面让语文课堂教学从注重知识传授转向注重素养培育。"课堂教学被赋予了……落实社会主义核心价值观的育人使命"①。高中语文审美课堂就是着眼于"完整的人"的培养，挖掘教材中的审美元素，以审美体验为主要手段，让学生在具体任务情境中品读语言、探究思辨、强化理解、解决问题的活动过程。

第一节　高中语文审美课堂的基本特征

马克思主义美学理论认为，真是事物的合规律性，善是事物的合目的性，美则是事物合规律性与合目的性的辩证统一；真和善是美的基础，美是真和善的形象显现。② 高中语文审美课堂的本质是审美化教学，其关键是用美的方式开展合乎语文文本规律和学习规律的教学。其基本特征如下：

1. 离生活更近——设置审美情境

课堂是学生学习的主要场所。语文课堂教学就是要在课堂上教会学生学会学习语文。审美课堂强调在和谐的氛围中用适当的方法让学生达到甚至超越预设的学习效果。设置审美情境包括两方面的含义：一是营造外部课堂氛围，二是设置内部情境任务。

---

① 杨培明. 课堂教学的审美旨趣［N］. 中国教育报，2017‐06‐08.
② 张弓，张玉能. 追求真善美的融合价值——中国特色社会主义美学的显著特征［N］. 人民日报，2015‐05‐28.

和谐的课堂氛围有助于审美的发生，其基本表征为气氛宽松适宜、师生平等互信、交流民主自由。老师带着欣赏的眼光看待学生，学生带着求知的欲望走进课堂，师生带着成长的需求交流和沟通。一切就会以一种新的样貌呈现在面前——学生聪慧可爱、学习充满趣味、成长如影随形，审美水到渠成。这说的是课堂外部环境的营造。

在具体学习过程中，审美课堂依然关注审美情境营造。众所周知，课堂学习的发起者往往是教师，教学就是在学生和文本之间搭建桥梁，要在文本和文本理解之间搭建桥梁。审美情境任务的设计是最有效的桥梁。这与《普通高中语文课程标准（2017年版）》不谋而合："以任务为导向，以学习项目为载体，整合学习情境、学习内容、学习方法和学习资源，引导学生在运用语言的过程中提升语文素养。"情境任务的设计要求情境真实，任务适切。情境真实是指情境设置符合生活实际，虚假的情境无法产生代入感，也无法真正意义上完成任务。任务适切是要求任务是语文的、适合学生年龄阅历的、切合课堂教学的。总而言之，就是要贴近学生的日常生活和学习生活，让学生易进入也能真正有所得。

2. 离文本更近——注重审美体验

审美课堂注重学生的体验。课堂提供的学习资源——文本就是学生体验的对象。其包括文本的语言形式和文本的内涵意蕴。

基于语言开展教学是语文教学的天然使命。顾名思义，学习语文就是要学习语言、文字、文学、文化甚至文明等，这些都依托于语言而存在。就某一具体篇目来说，文本的幽默风趣、含蓄蕴藉、精巧艺术、动人品质、深刻思想、明亮精神等等都是体现在语言当中的。审美课堂的核心在于学生的审美体验，文本语言就是审美体验的第一对象。学会品读语言、分析语言，才能真正理解文本、欣赏文本，否则，所谓的鉴赏和审美都只能像镜中花、水中月一样虚无。

文本的灵魂在文字反映的生活和蕴含的情感，这是审美体验的又一重要内容。《普通高中语文课程标准（2017年版）》明确指出，"加强语文课程内容与学生成长的联系，引导学生积极参与实践活动，学习认识自然、认识社会、认识自我、规划人生"，"通过阅读与鉴赏、表达与交流、梳理与探究等语文实践……促进方法、习惯及情感、态度与价值观的综合发展"。语文课堂上的审美体验就是让学生体悟文本呈现的自然、社会、人生来认识我们所处的世界，学会和世界相处的方式。

3. 离学习更近——强调审美进阶

叶圣陶先生说，教是为了不教。这告诉我们"教"只是手段，"不教"才是目的。而要能"不教"就是要学生自己学会学习。因此，课堂教学将教会学生学习当作根本任务，让课堂离学习更近。现阶段，语文老师对考试的规律研究较多，对课堂教学规律的研究相对少，尤其是对文体教学规律的研究就更少了。由个体文本的审美到一般规律的探寻，就是这里所说的审美进阶。

有研究者曾说："在以往的阅读教学观念中，从没有真正关注过培养学生的文体意识与文体素养，教师也就没有辨析文体属性的自觉。"[①] 审美课堂恰恰强调遵从文体的规律开展教学。比如诗歌是用有节奏、讲韵律又较凝练的语言形象地表达诗人情感的一种文学体裁。诗歌教学就可从节奏、韵律出发，经由意象选择与组合、意境联想与描绘，到达情感、思想的彼岸。而小说是以塑造人物形象为中心通过故事情节的叙述和环境的描写反映社会生活的文学作品。因此，小说教学可以从"故事怎样说"切进人物形象，进而引导学生体悟小说反映的社会生活。

4. 离人性更近——恪守审美品质

文学就是人学，审美的本质是通过对象审视自己。"过去杰出的哲人，杰出的作家们，都是把文学当作影响人、教育人的利器看待的。一切都是从人出发，一切都是为了人。"[②] 审美课堂视域下的语文教学坚持语文"从人出发""为了人"的独立品格，不依附于政治，不苟且于应试，让语文离真实的生命与真实的人性更近。

---

① 潘苇杭，潘新和. 文体感：写作行为的目标预期［J］. 语文建设，2015（7）：23－25.

② 钱谷融. 钱谷融论文学［M］. 上海：华东师范大学出版社，2008：41.

语文的人文性让语文在很长一段时间里和历史、政治等联系在一起，语文的工具性让语文教学至今都有着应试的痕迹。于是人们总是有意无意地用阶级论的观点来看待作品和作品中的人物，活生生的人物形象总是被固化甚至被异化；于是文本总是阅读试题的材料、解读总要肢解文本；不仅如此，作文教学也努力追求着知识化，似乎知道什么是细节描写，马上就能写出精彩的描写语段。

人们欣赏紫藤美，不是因为紫藤的缠绕与依附，而是因为其本身的璎珞四垂与铺天盖地；人们喜欢爬山虎，不是因为爬山虎的交错与攀缘，而是因为其本身的绿意盎然与恣意生长。语文和语文课堂也一样。坚持语文的工具性可以让语文课堂有更大的强基和实用功效，让课堂成为丰富知识的快乐之源；坚持语文的人文性可以让语文课堂有更大的生成和阐释空间，让课堂成为精神成长的明亮之地。因此，语文审美课堂恪守语文的独立性，努力让语言的丰富多样、文本的思想光辉与人性光芒交相辉映，让教师的发展与学生的成长相得益彰。

第二节　高中语文审美课堂的价值追求

语文课堂一度呈现以教为中心的课堂样态，语文教学出现了理科化、音像化的现象，学生的存在被忽略了，美的培育被漠视了，语文本质和语文思维被淡忘了。高中语文审美课堂建设是在教学实践中针对实际问题逐渐明晰起来的思考和做法。

1. 重拾遗落的"语文味"

"语文味"的首倡者程少堂先生认为"语文味"是"一种富有教学个性与文化气息的，同时又令人陶醉的诗意美感与自由境界"①。这本该是语文教学的基本常识。然而，我们却很少在语文课堂上能感受到这种个性、气息、美感与境界。语文课堂因为教学内容丰富庞杂而成了"大杂烩"，音乐、图画、

---

① 程少堂. "语文味"的成长史 ［J］. 语文教学通讯，2008（14）：10-12.

科学、文艺、表演等等挤满了语文课堂，作为主人的"语言"却没有了容身之所，一节课下来，客人走了，主人也没见踪影！学生就成了"串烧"的欣赏者。

《论语·先进》中描摹了一幅让教育者羡慕不已的画面，"莫春者，春服既成，冠者五六人，童子六七人，浴乎沂，风乎舞雩，咏而归"。这几乎就是程先生所言的"诗意美感与自由境界"了。高中语文审美课堂追求这样的美感与境界。

诗意美感来源于氛围营造和语言品读。和谐融洽的课堂氛围是师生全身心投入课堂的外在条件，是产生诗意美感的前提。语言是思维的外衣，语言同样也是美感的载体。精致细腻的语言品读能让师生快意地在文本与生活中自由出入，是诗意美感的不竭源泉。自由境界则源自文本理解和精神遇合。走进文本阅读能让人思想共鸣，跳出文本思考能让人精神自由。这是阅读的至高境界，也是语文课堂的至高境界。语文味就在这个过程中自然而然地流淌出来了。

2. 形成科学的"学习法"

课堂不是讲堂，教师上课不是专家讲座。佐藤学在《教师的挑战：宁静的课堂革命》一书中提出这样的观点，"全世界学校的课堂中都在进行着'宁静革命'。全世界的课堂都在由'教授的场所'转换为'学习的场所'"[①]。可见，课堂应该成为学堂，教师应该成为学习活动的组织者、参与者和促进者。

学习金字塔理论告诉我们，学习效果在30％以下（学习者在两周后还能记住的内容多少，下同）的几种传统方式，都是个人学习或被动学习；而学习效果在50％以上的，都是团队学习、主动学习和参与式学习。新课程标准也倡导"以自主、合作、探究性学习为主要学习方式，凸显学生语文学习的根本途径"，并专门设计学习任务群来推动教学模式和学习方式的转变。

---

① 佐藤学. 教师的挑战：宁静的课堂革命［M］. 钟启泉，陈静静，译. 上海：华东师范大学出版社，2012：中文版序 1.

在真实情境中的感受、体验和创造是学生掌握知识、提升素养最有效的方法。高中语文审美课堂追求在恰当的语言活动中让学生感知语言和思想的魅力，在合适的语文情境任务中让学生体验文本内涵和深意，在恰切的交流反馈中让学生规范、创新表达所见所闻所感。在某种意义上说，学生学会了学习，教师就基本完成了课堂教学的任务。

3. 构筑美好的"人生路"

在知识立意的年代，教语文离不开教知识，课堂以掌握语文知识为追求；在能力立意的年代，教语文离不开教习题，课堂以提高考试成绩为追求；在素养立意的今天，教语文离不开教审美，课堂以提升语文素养为追求。实践表明，教知识和教习题都主动或被动地异化了语文教学，也异化了教学过程中的老师和学生。其结果是老师苦学生累、语文还没有学到位！

这显然与教育的初心不符。《说文解字》有言，"教，上所施下所效也"，"育，养子使作善也"。换言之，教育本意讲究言传身教，目的在于教人为善。因此，语文课堂教学要努力将师生从苦累的重复烦琐的劳动中解放出来，在掌握知识、提高能力的基础上，着眼素养，使得师生不仅有学习的能力，更有用学习能力赢得幸福人生的本领。

高中语文审美课堂积极追求这种教与学的状态。语文教人丰富、深刻，也教人理性、睿智。在老师的引导下，学生经由文本懂得世上不同的人有不同的活法，每一种人生都是真实的，在面对人生中的挫折与不幸时，我们要采取正确的方式来对待；学生经由思辨明白精神的成长与富有才是人生最大的财富，沉浸在物质中会让人变得庸俗和丑陋。老师在教学相长的过程中也能收获专业成长与职业幸福。

第三节 高中语文审美课堂的建构路径

高中语文审美课堂以平等和谐的课堂氛围、自然流畅的课堂呈现和美好深刻的课堂期待得到了众多师生的认同。那么，该怎样建构审美课堂呢？

1. 理念带动：审美体验让学生爱上语文

审美体验"从文学欣赏的角度而言，是指审美主体在审美活动过程中所达到的审美愉悦，或称'高峰体验'，它对审美主体的整个身心产生强烈震荡，进而潜移默化地提升人的精神境界和审美能力"[①]。显然，审美体验能让学生产生愉悦感和满足感，让学生喜欢上语文。这正是审美课堂所努力追求的。

为了帮助学生更好地体验，教师要注意以下三点：一是营造氛围，创设课堂教学的情境美；二是注重运思，美化课堂教学环节；三是丰富活动，搭建审美体验的平台。当这些努力成为老师的基本理念和下意识行动时，审美课堂建构就迈出了坚实有力的步伐。

2. 范式推动：唤醒——沉潜——迁移

如果说理念引领解决了高中语文审美课堂建构的必要性问题，那么，课堂范式就解决了高中语文审美课堂建构的可能性问题。

在实践中，我们磨合出这样一个基本范式：唤醒——沉潜——迁移。所谓"唤醒"就是触发学生记忆，激发学生需求，使得学生有身临其境之感。这是课堂的起兴阶段，常常以浪漫化的方式激发学生的学习兴趣。

所谓"沉潜"就是抓住学习契机（语言文字等美点）让学生沉浸其中，深入涵泳，仔细玩味。这是课堂深入阶段，是文本内容的生活化，常常需要涵泳玩味以得其深情真意。在这个过程中，我们可以借助音乐、绘画、影视等艺术形式使学生产生美的联想，达到共情状态。

所谓"迁移"就是教师要帮助学生从"一个"看到"一片"，从"一点"看到"一面"，从个别的看到普遍的，让阅读成为学生精神成长的重要滋养。这是课堂的高潮，是理想化的状态，它能引发学生的综合创造，甚至影响学生的生活态度。

3. 评价驱动：课堂变革与师生成长的反作用力

普通教师改进教学的直接动力来自教学评价，因此，要想建构高中语文

---

① 叶继奋. 文学课堂审美论［M］. 杭州：浙江大学出版社，2016：45.

审美课堂，对课堂教学进行审美化评价是有效手段。可以立足课堂教学主客体，围绕学生层面的主体参与认识美、充分探究发现美、能力提升发展美，教师层面的以学定教目标美、教材整合内容美、价值引领思想美、环节设计创意美、手段恰当方法美、语言精炼表达美，和教学过程的情境营造氛围美、师生互动共情美等指标进行考量。科学合理的课堂评价可以驱动高中语文审美课堂建设走上发展的快车道。

当然，我们更期待着课堂变革和由课堂变革带来的师生成长也能反作用于课堂建设，使得建构审美课堂成为教师的主动与自觉选择。

第三章　怎样叙写审美视域下的学习目标

　　学习目标是教学设计与实施的航标与灵魂，也是课堂教学质量评价的重要依据。它是先于课堂教学又贯穿于课堂教学的存在。说它先于课堂教学，是因为在教学设计之初，就要首先制定学习目标；说它贯穿课堂教学，是因为只有围绕学习目标展开教学的课堂，才能落实学生任务、达成学习预期，这样的课堂才是有效的课堂。

第一节　从教学目标到学习目标的转变

　　大多数时候，我们以教师立场关注课堂的教学目标。老师们会讨论某个问题怎么讲，会反思今天的内容有没有讲完，会重视学生书面作业的完成情况，会抱怨某个问题讲过若干遍但学生还是会做错。问题的症结在于学习的主体——学生的主动性没有充分挖掘，他们是被动地接受，极低的课堂参与度让他们感觉不到自己是学习的主人，反而总是有被学习奴役的感觉。

一、初衷：教学目标的设立及其达成

　　教学目标是师生通过教学活动预期达到的结果或标准，是对学习者通过教学以后将能做什么的一种明确的、具体的表述，主要描述学习者通过学习后预期产生的行为变化。设立教学目标是备课的基本环节。教学目标对教学活动至少有以下三方面的作用：指向作用、激励作用和标准作用。就语文课而言，目标的设立可以确立基本课型（鉴赏课、阅读指导课、写作指导课等）、可以决定教学方式（研习、探讨、活动等）、可以明确教学方向（要到

哪里去），也可以考察教学效果（到了没有）。

实际教学活动中，教学目标的达成还与目标的陈述有关。越是明确、具体的目标就越容易达成，越是符合学生学习实际的目标就越容易达成，越是具有操作性、测量性的目标就越容易达成。换言之，目标陈述要基于教学内容、基于学生学情、基于测量要求。这是基本点也是难点所在。

新手教师往往不重视教学目标的设定，常常想将一篇课文的方方面面都讲到，甚至都讲得很透彻，结果往往造成课堂就像大杂烩，什么都有但又什么都只能蜻蜓点水，学生无重点可抓，也就什么都没有真正掌握，还影响了教学进度。成熟教师关注教学目标，但很长一段时间以来，教师们在谈课堂目标的时候，谈的是教师预期学生的语文学习结果，想的是如何高效地带学生到达目的地。至于下次学生能不能自己到达，就不在教师们的考虑范围内了。在目标叙写上，就表现为"使学生……""提高学生……""培养学生……"等的形式。如果给这样的表达加一个主语的话，显然都是教师。也就是我们关注的教学目标，是教师自己的行为，学生的成长是附加的、非必需的。

二、困境：教学目标实施的弊端分析

对语文教学发展而言，设立教学目标大致经过了以下三个阶段："双基"目标阶段、"三维"目标阶段和核心素养目标阶段。

1. 关于"双基"目标

20 世纪 60 年代初期，针对语文课堂政治化、文学化等的倾向，语文教育界展开了积极的讨论。一批语文教育专家纷纷公开发表文章，表明自己对语文教学的基本观点。语文教育界明确提出了加强"双基"（基础知识、基本能力）的口号，并提出语文教学"八字宪法"，即字、词、句、章、语、修、逻、文。到了 20 世纪 80 年代，有研究者提出了"语文知识树"的理论，以树的主干、枝干和枝杈为喻，将语文知识序列化。20 世纪 90 年代，教育部颁布教学大纲明确将基础知识、能力训练列入教学内容，提出"语文训练中的知识教学和能力训练密切结合"是语文教学的原则之一。要求知识教学要精要、好懂、有用，着眼于提高语文能力；能力训练要务实、得法、有效，要注意运用语文知识。①

重视"双基"的语文教学相当程度上改变了当时语文课和政治课、文学课区别不大的情况，提高了语文教学的质量，但也导致了知识灌输和纯技术训练的弊端，出现了"教学以教师为中心、课堂以讲授为中心、学习以知识为中心"的现象。经由中国特殊发展阶段的催化和特定历史文化的发酵，教师中心的教学方式走向极致，影响至今。

有论者认为，这是受了苏联教育家凯洛夫教育学的影响。20世纪前期，凯洛夫创设了"五环节"教学法，即组织教学、复习旧课、讲授新课、巩固新课（或知识、练习）和布置作业。在此过程中，他关注"双基"，即基本知识、基本技能；强调"三中心"，即以教师为中心、以课堂为中心、以知识为中心。在钟启泉教授看来，凯洛夫教育学存在以下三个问题：一是"没有'儿童'的概念"②，二是"没有'课程'的概念"③，三是"没有'学力'的概念"④。没有儿童的概念，就没有教学对象的意识，教学就会单向灌输；没有课程的概念，就没有整体教学的意识，教学就是知识的传授与技能的训练；没有学力的概念，就没有主体能动的意识，教学就会机械呆板。

2. 关于"三维"目标

语文"三维目标"是在21世纪初提出来的。1997年下半年《北京文学》发表了一组有关语文教学的文章，对当时"重知识轻情感、重训练轻能力"的语文教学状况进行了批评，将训练看作应试教育的产物并加以批判，发出"误尽苍生"的尖锐指责，引发了关于语文教学问题的大讨论。两年后，国务院、教育部先后发布文件，全面推进素质教育。2001年7月，教育部颁布了《全日制义务教育课程标准》；2003年3月，印发了《普通高中课程方案》。这两个纲领性的文件都从"知识与能力""过程与方法""情感、态度与价值

---

① 课程教材研究所. 20世纪中国中小学课程标准·教学大纲汇编：课程（教学）计划卷［M］. 北京：人民教育出版社，2001：536.

②③④ 钟启泉. 课堂研究［M］. 上海：华东师范大学出版社，2017：67.

观"三个方面设计课程目标。

语文课程标准的颁布与实施，标志着教学目标从"双基"到"三维"的转变。如果说"双基"还是目标的具体内容指向的话，"三维"只是目标的三个呈现角度——知识与能力，就是过去的"双基"，这是内容维的；过程与方法，是关注了达成目标的手段，这是方法维的；情感、态度与价值观，是重视人的全面发展，关注了学生的情感世界和精神世界，这是情感价值维的。"三维目标"是对"双基"目标下教学问题的纠偏和调整，其基本出发点是冲破"唯知识""唯分数"的藩篱，真正意义上打开培养人的通道。

"三维目标"作为课程目标的拓展是一种对教育理想的追求，在认识层面得到了很多的赞许。但是，在操作层面，也出现了新的问题：一是部分老师依惯性滑行，将三维目标割裂开来，依然沉浸在传统语文知识的教学和能力的训练中乐此不疲；二是部分老师顺潮流跳行，强调情感价值维，就只顾情感价值的渗透与熏陶，尤其是在教材主题组元的背景下，将语文的本质——语言文字弃如敝屣；三是部分老师活生生将安静的语文课堂变成声光电交替展示的舞台，热闹了课堂，寂寞了语文。

3. 关于核心素养目标

2017 年，在系统梳理十多年普通高中课程改革实践、总结提炼已有经验和成功做法的基础上，针对改革过程中存在的问题，教育部修订完善了 2003 年出台的课程方案，颁布了《普通高中语文课程标准（2017 年版）》。在该版课程标准中，对知识与技能、过程与方法、情感态度价值观的"三维目标"进行了整合，结合学科特点，明确了学生学习之后应达成的正确价值观念、必备品格和关键能力，即核心素养。语文核心素养主要包括语言建构与运用、思维发展与提升、审美鉴赏与创造、文化传承与理解四个方面。

语文核心素养是从人的视角来界定语文教学内容和要求，改变了过去的学科视角、知识本位，这样的变化体现了从以本为本到以人为本的转变，使教学从教书走向了育人，适应了教育的当下情境。尽管到 2020 年课程标准又做了修订，但这四个方面的核心素养没有变。从这个意义上说，以学生核心素养提升为目标的教学才是符合语文学习规律、国家要求的教学，也才是对国家、民族、学校和学生负责任的教学。

教学作为一种特殊的劳动，其成果不在于老师讲了多少、讲得多深刻，而在于学生学会了多少、领悟得多透彻。从这个意义上看，与其研究教学目标的研制与达成度，不如研究学习目标，研究怎样的活动有利于学生达成这样的目标。

三、出路：从教学目标到学习目标

在核心素养立意的时代，学生作为学习主体的地位得到进一步明确和强化，有研究者指出：明确学习目标，"可以帮助学生专注于学习本身并为自己的学习活动负责，继而产生学习动机以及监督和调节自己学习活动的心理与行为，从而努力实现学习目标，同时减少学生对教师的依赖"①。那么，该怎样将教学目标转化为学习目标呢？

1. 内容"转译"：突出学生主体

所谓内容"转译"是指教师使用以学生能够理解的方式，促进学生认识与理解相应的教学目标，弄清楚怎样才是成功的学习。转译的过程实际上就是由过去的"老师做什么，要做到什么程度"转化为"学生要学什么，要学到什么程度"，同时也能形成学习认同感。比如，高中写作教学，要求学生作文"结构完整，思路清晰"，其作为学习目标可以表述为"学生需要写出一个有条理的结构提纲，说明选择该结构的原因，并使用恰当的论据加以论证"。以学生要做的事情来表明学习任务和学习所要达到的程度，是学习目标制定最起码的要求。在教学过程中，教师如果能适时渗透"为什么需要这个目标""这个目标的实现与未来学习的关系"的话，就能推动学生的知识体系与能力体系的建构，并形成真正的素养体系。

2. 动机"内发"：设计学习活动

目标作为一种引领性的存在，一要能激发学生的学习热情，让目标成为

---

① 曾文婕. 从"教学目标"到"学习目标"——论学习为本课程的目标转化原理. 全球教育展望［J］. 2018（4）：11－19.

学生自己愿意达到的地方，而不是老师要求去的地方；二要能给学生提供路径或方法，让目标不仅标识结果，还能提示路径。因此，学习目标的制定要注意适切性选择和路径化表达。适切性选择一方面是适切所学内容，另一方面是适切学生的学习实际。教师在制定学习目标时，要有"融通"意识，将学习要求和学生实际情况有机结合起来，让学生感觉目标既有挑战性又有可行性。路径化表达是目标陈述时，关注达成目标的方法。仅有方向的学习难以调动学生的主动性，既有方向又有方法的学习才能让学生有抓手、有台阶。恰当的学习活动能同时解决上述两方面的问题。比如，学习新闻评论，教师一定会强调评论的观点与思路。我们如果将"学习新闻评论的观点与思路"作为目标，目标必然模糊且枯燥，不能调动学生学习的主动性和积极性，而我们如果以"从观点与思路两个角度，设计一个新闻评论的评价量表"为目标的话，就能贴近生活、贴近学习，激发学生的内在动机。

3. 结果"可视"：规范学习测评

学习目标常常被当作一个静态的结果来看待，这固然是不错的。但就学习过程而言，我们还要判断目标的达成度。这才有利于下阶段教学的开展。如何判断学习目标的达成度？有人主张以测试结果为准，有人主张要参照学习的整个过程，还有人主张将两者有机结合起来。事实上，这些主张都基于希望有一个相对科学、精准的目标达成度评价。看考试评价制度的前世今生就可以很直观地得到结论：这很难做到。但是，没有评价，肯定不利于学习目标的达成。从科学、精准的角度言之，评价应该基于科学、精准的测量标准。换言之，如果学生在学习之前就了解了学习结果（目标达成度）的评定方法，那一定是有利于学习的，特别有利于学生在学习过程中及时地纠偏和转向，这当然有助于学习目标的实现。简单来说，就像学生在考试之前，就知道作文的评分标准一样，他自然就知道语言应该怎么表达，结构应该如何架构，立意怎样才算切题。在写完之后，他自己才有一个达成度的评价，写得好还是不够好，甚至是不好。因此，学习过程中，我们一定要引导学生关注可视、可测的评价标准，这样才能以评价驱动学习，让学生成为自我管理、自我监督和自我调节的学习者。

第二节 学习目标及其叙写现状

学习目标是教学的落脚点和归宿，学习目标准确及明确与否影响着教学效率的高低。其中准确与否与目标的制定有关，明确与否与目标的叙写有关。

一、学习目标的制定

制定学习目标是教师的一种重要专业能力，它能体现教师的课程观、学生观甚至教育观。一般而言，在学习内容确定的前提下，高中语文学习目标制定要关注以下原则：依循课标、尊重文本、关注学生、强化过程、重视测评。

1. 依循课标：课程标准是学习目标制定的基本方向

学习目标源于课程标准。《普通高中语文课程标准（2017年版）》在"课程内容"部分按照不同任务群，分别指出了各自的学习目标。以任务群1"整本书阅读与研讨"为例。这个任务群提出了五项学习目标与内容，其中第三项这么规定：在指定范围内选择阅读一部学术著作。通读全书，勾画圈点，争取读懂；梳理全书大纲小目及其关联，做出全书内容提要；把握书中的重要观点和作品的价值取向。阅读与本书相关的资料，了解本书的学术思想及学术价值。通过反复阅读和思考，探究本书的语言特点和论述逻辑。这是课标对学术著作阅读的整体要求，也是教师制定具体作品学习目标的基本遵循：圈点勾画的读书方法、梳理纲要和撰写提要的过程整理、把握观点和价值的阅读目的等等都可以结合具体作品加以具体落实。依循课标制定学习目标也是保证教与学始终指向语文核心素养的有效办法。

2. 尊重文本：教学价值是学习目标制定的关键所在

学习目标基于文本价值。文本价值是个广义范畴，对于一篇文章，我们可以从很多角度去分析、去认识、去理解与鉴赏，这样看来，文本价值就没有穷尽、没有边际。如果全部学的话，就会没有方向、没有重点。因此，我们必须考虑文本教学价值的问题。文本教学价值是从教学的角度出发，对文本价值进行选用与截取，常常表现为依据学生的年龄特点和学段学年教学的计划来进行的选择。从这样的陈述中，我们就可以看出确定文本教学价值事实上也是确定学习目标。以《六国论》为例，如果我们确立的教学价值在文言现象的积累上，那么学习目标就应该设置为"梳理文中的文言现象并识记之"；如果我们确立的教学价值在说理的逻辑性上，那么学习目标就可以设置为"能说出文章是怎样做到以理服人的"；如果我们确立的教学价值在以史为鉴上，那么学习目标就可以设置为"找出文中对六国破亡原因的表述并能说出自己的观点"。可见，学习目标的确定要结合对文本教学价值的判断。

3. 关注学生：学生学情是学习目标制定的前提基础

学生学情是学习目标制定的重要依据。教师常有的经验是同样的目标要求在有的班级能够完成，在有的班级却完不成。在同一个班级里也存在着这样的情况：对于同样的内容，有学生"吃不饱"，有学生却"消化不了"。这背后都是学情的差异。班级授课制给因材施教带来了些许困难，但不妨碍分层教学、分层作业。有经验的教师在处理学情差异的时候，常常采用这种"分层"的方法。比如在语言表达时，对学习基础、能力素养不同的学生可以有不同的目标要求，有的将"观点明确、内容完整、结构清楚"作为目标，有的将"能注意自己的语言运用，力求概念准确、判断合理、推理有逻辑"作为目标，有的将"讲究逻辑，做到中心突出、内容具体、语篇连贯、语言简明通顺"作为目标，有的将"讲究逻辑，注重情感，能综合运用多种表达方式，从多个角度、多个方面表达自己的感受，力求做到观点明确，内容丰富，思路清晰，感情真实健康，表达准确、生动"作为目标，有的将"讲究语言运用，追求独创性，力求用不同的词语准确表达概念，用多种语句形式表达自己的判断和推理；喜欢尝试用多种文体、语体、多种媒介，多样化地表达自己的思想和情感，追求表达的准确性、深刻性、灵活性、生动性"作为目标。总之，教师要善于根据学生的具体情况确定更适合学生的目标。

4. 强化过程：学习过程是学习目标制定的重要考量

学习过程是目标实现的有力支撑。教师往往习惯性地将目标视作静态结果，于是认为只要将结果告知学生，教学任务就完成了。这样势必影响教学方法的选择，而讲授法和"满堂灌"就特别符合教师完成任务、告知学生结果的观念。这显然是不符合新课标要求，也不符合学生核心素养培育需求的。我们有必要在设计学习目标的时候，同时考量学习过程，即学生怎样学习或者以怎样的方式才有利于学习。比如，学习写景散文，情景交融的手法是一定避不开的。如果教师只是将情景交融作为静态的知识告知学生，显然学生以后碰到类似的手法，也只能说出这个名词，无法形成自己的认知和理解。如果教师让学生找出表示色彩、声音、动景、静景等的词语，找出比喻、拟人等修辞手法的句子，找出细节描写的语段，让学生体会声色、动静、修辞之中的情感意味，给他们情景交融的分析支架，那么学生以后再碰到类似的分析，他们自然就能说出属于自己的理解和思考，甚至可以将经验迁移到自己的写作中。

5. 重视测评：学习测评是学习目标制定的题中之义

学习目标不是一蹴而就的，需要在课堂上经过不断检验、评价和完善，更需要课后进行不断学习、修正。因此，在制定学习目标的时候，就要同时考虑好对学生完成状态的评价。否则，目标可能只是停留于目标而已，不能达到引领学生持续学习的目的。比如，学习文言文，字词句的积累是必不可少的。在学习过程中，只关注到课堂上某篇文章中的某种理解，不重视评价，即便学生似乎当场理解了，过两天也有可能遗忘。这时，阶段性的检测，包括原文原句的理解和课外拓展比较，就特别能帮助学生掌握、积累好相关的词汇。换个角度看，学习能力较强的学生即使能掌握得很好，也需要通过测评来评估、确认。

二、学习目标的叙写

叙写学习目标有一些成熟的理论和技术可以学习和借鉴。现在人们常提及的有行为主义心理学指导下的 ABCD "四要素法"（ABCD 分别是 Audience、Behavior、Condition 和 Degree 的简称，即行为主体、行为、条件、标准的意思）和"内外结合表述法"（"内"是内在心理变化，"外"是可观察和测量的证据）。前一种方法比较适于叙写认知学习领域和动作技能领域的学习目标，而对于情感学习领域，由于学习结果主要是内在的心理变化，比较难以测量，因此比较适合用后一种方法来叙写。

1. 学习目标叙写的过程

常规学习目标叙写一般分为四步，即对标课程标准（明确方向）、确定学习结果（期待学生到哪里）、设计落实举措（找动词、加条件、定标准）、进行科学表述（形成学习目标）。

对标课程标准是将学习内容对应到课程标准中的具体任务群，按照课标设计的该任务群的学习目标，细化具体学习内容的目标。需要注意的是，任务群中设计的学习目标较多，没有必要也没有可能在一个学习内容中全部完成。确定学习结果是根据具体的学习内容，确定本节课或者本篇文章学生需要掌握的内容和程度，其中包括学习结果类型（陈述性知识、程序性知识、策略性知识）和目标层次（记忆、理解、应用、分析、评价、创造）。设计落实举措是最为关键的步骤。"找动词"是要找到证明能记忆、已理解、会运用的动作行为，并且这些动作行为是可以观测的。"加条件"是把可观察行为实施的环境、场景、情境等描述清楚，即在什么样的具体条件下实现对目标的达成。"定标准"就是描述学生在达到怎样的水准时即表明已经完成了学习目标。进行科学表述就是规范化表达学习目标，使得逻辑顺畅、语法通顺。

2. 学习目标叙写的规范

学习目标设计要解决的主要问题有三点：一是目标在哪里；二是怎么确认达到了目标；三是如何引导学生达到目标。为此，规范的学习目标通常包括四个部分：行为主体（学习者）、行为动词（可视可测）、行为条件（情境）、行为程度。表述方式为：行为主体＋行为条件＋行为动词（行为方式）＋行为程度。也有学者以这样的公式表述：学习目标＝学习者＋目标层次＋学习结果＋可观测的行为（证据）[①]。如，《琵琶行并序》的一个目标表述为：学生借助历史知识，分析和讨论琵琶女悲凉身世和诗人谪居失意的形

---

① 刘静波. 课堂学习目标叙写问题及改进策略. 现代中小学教育［J］，2019（11）：20-24.

成原因，进一步认识封建社会摧残人才的黑暗现实。学生自然是学习者，"分析和讨论"是方法，"进一步认识"是行为程度和结果。

3. 学习目标叙写的常见问题

对照目标叙写的基本原则和基本规范，学习目标叙写的常见问题主要表现为以下五个方面：一是行为主体错位。把教师作为课堂主体是教学目标时代留下的惯性。毫无疑问，学习的主体是学生，只有关注学生学习的课堂才是真正意义上的学堂、课堂。二是将活动当目标。新课标背景下，语文教学走向任务驱动，这是激发学生内驱力、尊重学生主体的有效方法；同时，我们也要看到不少老师在设计学习目标时因此陷入误区。比如，要求学生圈画出符合某个具体要求的词句。这仅仅是学习活动或者学习任务，从目标的角度看，还要指向知识或能力本身：圈画这些词句是要学生认识某种修辞还是掌握某种写法。三是目标不可测。这是最常见的问题。在叙写目标时，特别强调找可视可测的动词来表达就是要解决这个问题。习惯上常用的比如了解、理解、知道、体会、欣赏等都是难以测试的。四是目标脱离学生实际。借班上课时特别容易出现这样的课堂，因为教师对学情不了解，又没有根据课堂实际做出相应的调整，只是按既定思路讲下去，所以常常会造成冷场或者干脆不能完成教学任务。五是标准失衡。教师制定了过高或者过低的目标，导致效果难以准确标识。

三、高中语文学习目标叙写现状

在核心素养时代，教师的观念和行为都得到了极大的调整和改善。但是从叙写学习目标的角度看，无论是认识层面、技术层面还是应用层面，高中语文学科的学习目标叙写都存在"叫好不叫座"的现象，有待进一步提升。

1. 认识层面："写时有"更要"教时有"

在课堂评价或者反思的时候，老师们经常考虑的问题是这节课究竟要干什么或者要教会学生什么，也就是这节课的目标定位问题。实际上，老师们在备课的时候肯定思考了目标问题，甚至在备课本上还专门写了学习目标，那为什么在实际教学过程中却常常将目标丢到一边呢？有两个原因不容忽视。一是目标意识并未真正入脑入心。写时有，仅仅是因为教案检查时会要求这部分内容；教时无，是因为想通过一篇文章尽可能多地解决问题。然而，只有"教时有"，才能落实"写时有"；只有"教时有"才是对学习者、学习内容和学习方法的真正关注；也只有"教时有"才能帮助学生到达"想要到的地方"，完成学习目标。二是目标表述本身模糊不清晰，不利于操作，也不利于测评。"教时有"也因此成为空谈。

2. 技术层面：要精细化也要素养化

目标笼统是当下目标叙写的主要问题之一。而笼统的目标难以规范流程、激发学生、引导教学。精细化目标就是用精准的动词表达要求和意图。比如《琵琶行并序》的教学设计，有这样一个学习目标——"欣赏诗中运用比喻形象描写音乐的语言艺术"，其中"欣赏"就比较笼统，既不可视也不可测。如果调整为"摘出诗中运用比喻描摹音乐的诗句，结合生活体验，说说诗人是怎样将不可触摸的事物写得具体形象的"，学生对照这个目标就有了学习的"支架"——一是圈画寻找比喻句，二是分析评判比喻在语境中的作用，三是能力迁移，不可触摸事物的写法和分析方法大抵如此。素养化目标是发展的趋势，是新课程背景下的新要求，同时也是高要求。相较于知识目标叙写和达成，素养目标不仅难确定，还难测量，拟制就比较困难。它需要我们在熟悉教材内容和课标要求的基础上有针对性地分解和细化。

3. 应用层面：对应性和连续性的考量

目标琐碎是当下目标叙写的问题之一。无论是知识点还是素养点，要比较好地掌握，都不是一朝一夕的事情，需要时间的强化和沉淀。从学习规律、学程设定的角度看，一个知识点或素养点在不同的年段之间也有衔接和递进。而高中语文教学基于应试的考虑，很多时候会在高一时候就训练学生做高三的试题，市面上不少同步训练也打着高考的旗号，让高一的学生做高三的试题。显然，这不符合学习的规律和学生成长的规律。问题的另一面是，语文学习在循序渐进上不及数理化等理科，学生做了三年高考题，也确实有成长和进步。如果真按照学习规律，三个年级的能力层次该如何划分，又该怎样把握？在教学实践过程中，就体现为教学内容与目标层级的对应和目标怎样实现升级的问题。这是语文老师们不得不面对、不得不思考的问题。

第三节　审美视域下的学习目标设定

学术界对教学目标或者学习目标的研究基本的关注点在认知领域，很少涉及情感领域，审美领域的就近乎空白了。《普通高中语文课程标准（2017年版）》提出了四个方面的语文核心素养，审美鉴赏与创造作为其中之一，逐渐受到人们的重视。"审美鉴赏与创造是指学生在语文学习中，通过审美体验、评价等活动形成正确的审美意识、健康向上的审美情趣与鉴赏品位，并在此过程中逐步掌握表现美、创造美的方法"[①]，在课程目标上，新课标也专门花了笔墨从体验、鉴赏和表达、创造等层面做了明确要求，"增进对祖国语言文字的美感体验。感受祖国语言文字独特的美，增强热爱祖国语言文字的感情""鉴赏文学作品。感受和体验文学作品的语言、形象和情感之美，能欣赏、鉴别和评价不同时代、不同风格的作品，具有正确的价值观、高尚的审美情趣和审美品位""美的表达与创造。能运用祖国语言文字表达自己的审美体验，表达自己的情感、态度和观念，表现和创造自己心中的美好形象；讲究语言文字表达的效果及美感，具有创新意识"[②]。

文学作品是语文学习的主要对象，其目的是使学生在审美的过程中，潜移默化地受到熏陶，健全心理与人格，提高整体素质。而文学作品的首要功能是审美功能。审美功能的实现能够间接实现教育功能，因此语文教学的一个重要方面是转变教学观念，设计合理、有效的教学方法能够发挥其审美功能，培养学生的审美能力。可见，在审美视域下审视学习目标的设定就有了其固有的重要性和必要性。

一、学习目标设定的美学反思

在美学领域，美即自由。以审美视角来看待学习目标，目标的实现过程

---

①②　中华人民共和国教育部. 普通高中语文课程标准（2017年版）［M］. 北京：人民教育出版社，2018：5-6.

应该让学生感到充实、舒适，目标实现的结果应该让学生感到满足和自由。相较之下，如果目标让学生感到紧张、拘束甚至禁锢的话，那么这个目标就不符合美学标准。一般而言，如果目标正确，目标的达成，无论是知识技能的掌握，还是思维思想水平的提升，或者精神世界的明亮，一定会让学生感到满足，学生在为人处世方面也一定会更加游刃有余，也就更加自由。但目标实现的过程不一定能让学生感到充实、舒适。这就涉及达成目标的方式方法。

以议论文写作教学目标为例。能够有逻辑、有层次地表达自己的观点是学习目标之一。学生在老师的指导下，通过比较、模仿、自评互评、修改升格等学习活动，学会了表达观点，并能够运用多种方法从不同角度证明观点，自然有成就感，表达自然更加得心应手。但在实际教学中，还有一种常见的操作，就是给学生逻辑模板、结构模板，让学生照模板填空，经过这种训练，学生似乎也能达成目标，但这给人的感觉不是成长的充实而是被迫的无奈，不是自由而是束缚！在审美视域中，不仅要关注目标的达成，更要关注目标达成的过程，始终将人放在主体能动的位置上发展。

席勒说，美育能培养完整的人。以审美视角考察当下的语文学习目标，我们不难发现，知识、情感目标是普遍受到重视的主角，而审美能力（认识、欣赏、创造）目标是相对缺失的。在核心素养时代，这种缺失会造成素养的不完整，也就是人的不完整。因此，在学习文学作品时，审美层面的目标要得到足够的重视。

比如，学习话剧《雷雨》。学生易于理解这些知识层面的目标：通过个性化兼有动作性的人物语言（台词）来表现人物形象；在周公馆的一天里展示人物三十年的恩怨情仇，情节紧凑；借助舞台说明指向矛盾冲突。但目标仅止于此的话，《雷雨》的价值就没有完全彰显。从形象角度说，周朴园与鲁侍萍三十年的情感纠葛究竟是真情还是假意；从主题角度说，剧本是反封建主义还是反资本主义。如果我们在设计目标的时候，加入情感价值、审美层面的内容，一定会更好地激发学生的思维和培养他们的个性，让生活在文学中的投射反过来影响生活中的我们。如此一来，学生既掌握了知识、提高了能力，又拓展了视野、激发了思维，还撬动了生活，引起了向真、向善、向美的思考。

二、审美视域下的学习目标设定

审美目标关注审美素养（审美感受能力、审美鉴赏能力、审美表现和创造能力）的培育，但不排斥知识、技能、情感态度价值观层面的目标。有研究者在把握语文课程目标的基础上，结合对"三维目标"的分析，提出了如下审美目标[①]，值得我们借鉴：

1. 对审美因素饱满的字、词、句做渗透在情绪、情感中的非纯理性的审美理解，并用语言或文字表述之。

2. 具备对课文各种美的表现形态进行说明的知识。

3. 能初步区分课文的不同审美类型。

4. 对课外读物及影视作品做出正确择别。

5. 将课文的形象、意境等通过想象、联想、描摹转变为比文本更为丰富广阔的审美情境，进行创造性阅读。

6. 写作具有一定美感体验和审美理想的"情境文""影评""文学评论"等。

上述目标与知识技能目标并行不悖，亦同时存在，对学生的成长起着引领和检测的作用。仍以《雷雨》为例，我们这样设置学习目标：

1. 能说出剧本通过回忆、对白把三十年不同地点、众多人事安排在周公馆的一天来处理的紧凑的情节结构；能列举人物个性化兼有动作性的语言，并据此分析人物性格；能准确说出选文的矛盾冲突，以及冲突的推进方法。

2. 课后选取自己认为合适的内容排练课本剧。

3. 能联系自己的标准和现实生活，对剧中的人、事做出正确的价值判断。

---

① 区培民. 语文教师课堂行为系统论析：课程教学一体化的视点［M］. 上海：华东师范大学出版社，2001：190.

4. 对悲剧美、人物美、结构美（符合三一律）、语言美（如潜台词）进行说明。

目标1指向文体知识和文本内容层面，包括话剧的基本特点、本剧的基本内容和结构特点，是知识目标也是审美感受层面的目标。目标2结合语文学习活动，融审美感受与创新于一体，给予学生足够的自主空间，是目标达成方式也是检测手段。目标3是审美鉴赏层面的目标，也是文学学习的价值所在——知道世界上存有不同的生活态度和方式，同时知道哪种态度和方式是健康的、正确的，清楚在自己遭遇困境时，该做何种选择。目标4将审美鉴赏和审美创造结合在一起，一方面是要求积累鉴赏知识，另一方面是强调鉴赏知识的运用；但这个运用的层次已经超越了目标2和目标3的要求，有了为学术能力培养奠定基础的倾向。如果这四个目标都能在学习过程中得以实现的话，《雷雨》的教学价值也就能得到充分落实。

需要注意的是，在讨论学习目标的时候，不能忘记学生发展是非线性的、动态的甚至是随机的，而目标是对学生预期学习结果的预测和描述。两者有相关性但不可能完全匹配。我们不能将预设目标当作一成不变的最终结果或所有结果，否则就会限制学生学习潜能的发展。换言之，在预设基础上，我们还要能够关注及时的生成，增强目标的弹性和变通，这样才能更好地促进学生的能力发展和品质培育。

第四章　怎样整合优化审美视域下的教材

　　《普通高中语文课程标准（2017 年版）》中明确"语文课程是一门学习祖国语言文字运用的综合性、实践性课程"。其综合性强调的是课程的整合，包括学科素养的整合、课程目标的整合、课程资源的整合、课程知识的整合和课程实践的整合。而教材本质上是一种学习资源。从课程标准的角度看，教材整合是知识论、学习论和课程与教学论所积极倡导的一种必需。

　　在"教材编写建议"部分，课标指出"教材应具有开放性和选择性。……教材应在明确体现对每个学生基本要求的基础上，展现适度的开放性，让学生根据各自情况做出选择，给地方、学校和教师留有选择、调整和开发的空间"。从教材编写的角度看，这个建议给教师整合教材留下了空间。

　　著名语文教育家叶圣陶先生说，教材无非是个例子。这句话可以从两个方面来理解：教材是例子，意思是教材可以作为语文学习的优质材料；教材无非是个例子，说的是教材也只是一种学习材料而已。既然是例子，用此例和彼例没有本质区别。从教材使用的角度看，它比较辩证地阐释了教材的作用，教材有进一步整合优化的可能。

第一节　统编版高中语文教材整合的原则与方法

　　新课程标准将高中语文学习内容分为 18 个学习任务群。统编版语文教材必修和选择性必修覆盖了 14 个学习任务群。其中必修教材分上、下两册，每册有 8 个单元，覆盖 7 个学习任务群。选择性必修分上、中、下三册，每册有 4 个单元，覆盖 9 个学习任务群。这当中"整本书阅读与研讨""当代文化参与""跨媒介阅读与交流""语言积累、梳理与探究"等 4 个学习任务群是交叉的。选修课程覆盖其他 6 个学习任务群。

表 1　普通高中语文课程结构

必修	选择性必修	选修
整本书阅读与研讨	整本书阅读与研讨	整本书阅读与研讨
当代文化参与	当代文化参与	当代文化参与
跨媒介阅读与交流	跨媒介阅读与交流	跨媒介阅读与交流
语言积累、梳理与探究	语言积累、梳理与探究	汉字汉语专题研讨
文学阅读与写作	中华传统文化经典研习	中华传统文化专题研讨
	中国革命传统作品研习	中国革命传统作品专题研讨
思辨性阅读与表达	中国现当代作家作品研习	中国现当代作家作品专题研讨
	外国作家作品研习	跨文化专题研讨
实用性阅读与交流	科学与文化论著研习	学术论著专题研讨

高中语文统编版教材以主题或学习任务群的方式组元，区别于传统的文本组元，这本身就是一种整合。作为教材使用者，无论是以四大核心素养论，还是以"学习任务群"论，或者以选修必修论，都有整合的可能性和必要性。我们应该如何整合教材呢？

一、统编版高中语文教材整合的原则

整合教材的目的是便于学生学习，其遵循的基本原则有三点：一是上承课标，下启教学；二是以人为本，尊重规律；三是立足预设，关注生成。

1. 上承课标，下启教学

课程标准是国家对基础教育课程的基本规范和质量要求，具有法定地位。它体现了国家对不同阶段的学生在知识与技能、过程与方法、情感态度与价值观等方面的基本要求，规定了各门课程的性质、目标、内容框架，提出了教学和评价建议。它是教材编写、教学、评估和考试命题的依据，是国家管理和评价课程的基础。

教材是实现课程目标、实施教学的重要资源。它是依据课标而编写的，是课程标准规定的质量要求的内容载体，是教师教学和学生学习的重要途径。课程必须经过教材这一载体才能进入课堂、进入具体的教学过程，才有可能进入实施阶段。从教学论的角度看，将课程内容转化成教材内容是专家对教材的建构，而将教材内容转化为教学内容、学习内容必然涉及对教材的个性理解、接受、演绎和加工，这就是教材的整合优化。

教材的整合优化根本而言就是教师根据对课程标准的理解和把握，创造性地、个性化地运用教材，以形成更丰富、更贴合学生实际的学习资源。当然，教师在创造性利用教材的同时，不能过于随性。换言之，教师在教材整合过程中对课程目标和内容的创造性利用不是随意而定的，要依据一定的标准在一定幅度范围内进行，这样才能保证学生的学习质量。因此，教师对教材的优化整合既不是对课程计划的忠实传递，也不是对课程的随意创造，而是在课程标准的指导下对教材的调整、加工、处理，是课程规划者或教材编制者与课程实践者（教师和学生）之间的互相适应的过程，也是课程计划和学校实际教育情境的相互适应的过程。它以课程标准为导向，并以服务具体教学情境为旨归。①

之所以把这一点作为首要原则提出来，是因为在新课标背景下语文课堂常有"不像语文课堂"的现象。有些语文课堂整合变成了"博采""拼盘"，把大量"非语文"的东西"整合"进了语文课堂，结果"种了别人的地，荒了自家的田"。笔者曾听过一节高中《沁园春·长沙》的课，老师让学生自己选择音乐配乐朗诵，并要求学生说说自己选择配乐的理由。显然，老师原本的目标点是对诗歌豪迈大气、汪洋恣肆的王者气象和豪情壮志的理解，这是有必要的，也是有利于学生针对文本展开学习的朗读活动。但后一个问题，将学生完全引导到音乐风格的探讨上去了。语文课成了音乐的探讨，不能不说是走进了一个误区。单就学习资源的整合来说，这样的整合看似让课堂更

① 俞红珍. 教材的"二次开发"：涵义与本质. 课程·教材·教法 [J]，2005（12）：9-13.

热闹了，但语文的因素也几乎荡然无存——诗歌就该在意象和语言的品读中体会诗人的情感，讨论配乐，热闹之余，所得寥寥！因此，整合教材务必以课标内容和学习任务为根本。

2. 以人为本，尊重规律

众所周知，教材整合需要教师站在课程设计的视角重组教材内容、设计教学。教材整合能否取得预期效果的关键在于重组、设计等开发行为是否尊重语文学科的规律、是否符合学生的认知规律、能否促进师生的发展。学生既是教学活动的出发点又是教学活动的落脚点。他们带着不同的教育背景、个性特点和生活经验走进课堂。教材整合要关注到学生的这些差异，根据学生的不同需要处理教材内容，变革教学方式。学生的学习、生活现状应该是教材整合的重要参照点，也是教材整合的重要资源。同时，教材的整合过程也是教师实现专业发展的过程。教师在为学生提供多元化选择的时候，也在进行自身的重构与发展。

以学生为本的另一表现形式是学生参与教材的整合。新课程理念认为，学生和教师同为课程的开发者，应该一起参与教材的开发、建设和决策的过程。学生参与教材建设，也意味着他们为自己的学习承担更多的责任，这也是发展自主能力的过程。

"以人为本"的指向是"发展"人，但在很多情况下，往往变成了"迁就"人。"迁就"也常常意味着无原则、不科学。因此，笔者将"以人为本"和"尊重规律"并提，并将此作为教材整合的重要原则。在教学实践中，特别是在公开教学活动中，常常有这样的现象，学生从不同角度对一个问题进行讨论，教师在评价的时候出于"以人为本"的理念，"赏识教育"的做法，对学生的发言不管好坏、对错则一味赞赏，错误地认为如果去客观评价就是不尊重学生。事实上，这是一种"迁就"，而当"迁就"成为一种习惯，损害的不仅是学生对知识的掌握，还包括学生优秀品质的形成。所以，当我们在课堂上听到"焦母是善良的""冯友兰先生的精神境界是消极的""阿 Q 的精神胜利法是积极的、乐观的""鲁侍萍太傻了"等等标新立异的声音，教师要及时澄清一些模糊或错误的认识，否则学生必将带着错误走出课堂。所以，

"以人为本"要和"尊重规律"紧紧联系在一起，这个规律包括语文知识的规律，更重要的还包括学生身心成长的规律。

3. 立足预设，关注生成

审视教材整合的过程，我们不难发现预设在两个层面上的含义：一是教材编写者、专家形成的预设，即教材的预设，它对课程或教学内容做出了一定的规定；二是教师的预设，即教师经过整合形成的教学方案相对于动态的教学过程的预设。与此相对应生成也有两种：一是在预设教材内容基础上的生成，二是实施教学方案过程中的动态的生成。

之所以将"关注生成"作为原则之一，是因为教材整合本身就是一种预设，而且是教师带着更强的主导性的一种预设。在这种情况下，更要积极关注生成。有老师在和学生一起学习必修上册第三单元的时候，设计了这样的问题：前人总结两位诗人的风格分别是"豪放飘逸"和"沉郁顿挫"，这样的诗风有哪些具体体现呢？学生在比较意象、手法、结构和视角之后，完成了学习的任务。这时，有同学举手提问：两个风格迥异的诗人怎么都是盛唐气象的代表呢？这个问题一下子开拓了教学境界：由文学现象对比上升到了文学理论探讨。这个问题涉及对盛唐气象和盛唐时代风貌的区别，涉及浪漫主义和现实主义的作品风格，还涉及李白、杜甫个人的生活态度和艺术水准。教师要能及时捕捉这样的生成并适时满足学生的求知欲。这是比知识、能力更宝贵和更值得呵护的东西。

教材整合过程中的预设为教学过程中的生成提供了基础。但是，如果教学只停留在预设的层面上，那么课堂上或许也会热闹，但热闹是表面的，学生收获的也只是对知识浅尝辄止，或是跟着教师亦步亦趋。这样，学生的创造精神和个性发展就只能是空谈了。

二、统编版高中语文教材整合的方法

教材整合的方法应该从两个层面来理解：一是思维方式层面，二是操作方式层面。

从思维方式层面看，教材整合的方法有横向整合、纵向整合、逆向整合等三种方法。所谓横向整合，就是探索相关任务群、主题或专题之间的联系，重新整合教材内容，实现跨文本、跨学科的教学，以达到掌握知识、提高素养的目的。所谓纵向整合，就是针对某一具体教学内容的逻辑结构而言的，特别是对几个纵跨不同年段的学习任务群，教师在掌握了学生的实际情况（如知识基础、学习习惯、学习能力等）的基础上，对学习内容的难度和讲解进度进行调整，以使学生获得能力范围内的最大发展。所谓逆向整合，就是在完成不同学习任务群的具体任务后，根据学习内容进行反向理解和引申，以培养学生的辩证唯物主义观念，让他们学会全面地看问题。

从操作方式层面看，教材整合的方法有"调拓、整合、重构"①。罗志强老师指出了教材二次开发的操作方法，"调拓——教学内容与目标的二次开发""整合——教学方法与手段的二次开发""重构——教学模式与环境的二次开发"。他认为，"教学内容与目标的二次开发的主要手段为调整和拓展""教学内容与目标的二次开发势必带来相应的教学方法与手段的转变和开发。教学方法与手段不能仅限于教材，还应该将其不断地扩充""新课程的三维目标的实现，必须依赖于对整个教学模式与环境的重构"。通过调拓、整合、重构的教学生活，最大限度地实现课程目标。他所谓的教材二次开发，就是对教材的整合优化。统编版高中语文教材以人文主题和学习任务群为基本组元单位，本身就倡导教师开展大概念引导下的大单元教学，这个"大概念"是什么，如何调适主题与任务群、目标与任务群等的关系，都有赖于教师发挥主观能动性，积极主动整合、优化包括教材在内的学习资源。

事实上，这两个层面的方法是有交叉的，且每个思维方式角度的开发过程都要用到具体操作层面的方法。比如，在讲授必修下册第一单元《鸿门宴》的时候，笔者适时引入原苏教版教材《〈史记〉选读》中的《高祖本纪》和《项羽本纪》，引导学生结合两者的生平、性格探讨最终刘邦胜利、项羽失败的根本原因。从思维方式上看，属于横向开发，而从教学内容的扩充上看，就是采用了调拓的方法。

---

① 罗志强. 调拓 整合 重构：苏教版教材二次开发势在必行 [J]. 语文教学通讯，2009（4）：33-34.

第二节　统编版必修教材的内容梳理与审美整合

以语文学习任务群构建的统编版必修教材，以任务为导向，以学习项目为载体，以语言思维发展为基础，保留了原有的文体教学，整合了整本书阅读与研讨、跨媒介阅读与交流等学习内容，引导学生在实际情境中去解决实际问题，提升语文素养。教材体现了编者对课程标准的理解，同时，单元学习任务的设计又体现了编者对师生学习的要求和期待。

一、统编版必修教材的内容梳理

有论者指出，"依据课程标准编写的普通高中语文教科书再次使用了'单元'概念，但这一概念的内涵和特征已经全面更新，单元只是群（大单元）内部的板块。这些来自不同群的板块重新组织在一起，形成了一册教材"①。按照这样的思路，我们尝试梳理统编版必修教材的内容。

上册

第一单元

课文（学习活动）：

1　沁园春·长沙/毛泽东

2　立在地球边上放号/郭沫若

　　红烛/闻一多

　　*峨日朵雪峰之侧/昌耀

　　*致云雀/雪莱

3　百合花/茹志鹃

　　*哦，香雪/铁凝

---

① 蔡建明. 单元·专题·任务群——高中统编语文教材组元方式的变化与教学启示［J］. 语文建设，2019（19）：16-19.

人文主题：

青春激扬：树立伟大革命抱负，理解作者对国家命运前途的关注，激发青春的热情，敞开心扉，追寻理想，拥抱未来。

学习任务群：

文学阅读与写作

语文素养要求：

1. 理解诗词运用意象抒发思想感情的手法，把握小说叙事和抒情的特点，体会诗歌和小说的独特魅力。2. 感受文学作品意蕴的丰富性和语言表达的特殊方式，学习从语言、形象、情感等不同角度欣赏作品，获得审美体验，提升审美能力。3. 尝试诗歌写作，增强语言表现力。

写作：

学写诗歌

第二单元
课文（学习活动）：

4 喜看稻菽千重浪——记首届国家最高科技奖获得者袁隆平/沈英甲

　＊心有一团火，温暖众人心/林为民

　＊"探界者"钟扬/叶雨婷

5 以工匠精神雕琢时代品质/李斌

6 芣苢/《诗经·周南》

　插秧歌/杨万里

人文主题：

劳动光荣：体会"劳动最光荣、劳动最伟大、劳动最美丽"的思想，认识坚守与践行工匠精神在当代的意义与价值，形成正确的劳动观念，自觉继承和发扬中华民族尊重劳动、热爱劳动的美德。

学习任务群：

实用性阅读与交流，跨媒介阅读与交流，思辨性阅读与表达，语言积累、梳理与探究

语文素养要求：

1. 学习通讯报道，学会准确把握新闻信息，学习以典型事件和细节表现人物品质的写法，分析报道角度，区分新闻事实和新闻背景，理解新闻的倾向性，有意识地提升自己的媒介素养。2. 鉴赏表现劳动生活的古代诗歌，体会劳动之美，自觉地在学习实践中丰富对社会生活的认识和对美好情感的体验，增强适应社会、服务社会的能力。3. 学习新闻评论，理解评论所依据的新闻事实与评论的立场、观点的关系，理解评论的舆论导向性。学习联系社会现实提出观点并合理阐述的写法。体会新闻评论直面现实、有的放矢的文体特点。

写作：

学会写人

第三单元

课文（学习活动）：

7 短歌行/曹操

 ＊归园田居（其一）/陶渊明

8 梦游天姥吟留别/李白

 登高/杜甫

 ＊琵琶行并序/白居易

9 念奴娇・赤壁怀古/苏轼

 ＊永遇乐・京口北固亭怀古/辛弃疾

 ＊声声慢（寻寻觅觅）/李清照

人文主题：

生命的诗意：用作者在诗词中表达的心怀天下、向往自由、忧国忧民、豪放达观等思想和深厚真挚的情感，修正自己的人生观和价值观。

学习任务群：

文学阅读与写作，中华传统文化经典研习

语文素养要求：

1. 在诵读和想象中感受诗歌的意境，欣赏其独特的艺术魅力。2. 感受诗人的精神世界，体会诗人对社会的思考、对人生的感悟，提高自身的思想修养和文化品位。3. 尝试写作文学短评。4. 掌握古诗词鉴赏的基本方法，认识古诗词的当代价值，增强对优秀传统文化的传承意识。

写作：

学写文学短评

第四单元

课文（学习活动）：

家乡文化生活

一 记录家乡的人和物

二 家乡文化生活现状调查

三 参与家乡文化建设

人文主题：

我们的家园：寻找情感归宿，增进对家乡的文化认同。引导学生关注和参与当代文化生活，剖析、评价文化现象，积极参与中国特色社会主义先进文化的传播和交流，增强文化自信。

学习任务群：

当代文化参与

语文素养要求：

1. 通过查阅文献、访谈、考察等方式，记录家乡风物，了解家乡文化特色。2. 进行问卷调查，了解方言的使用现状，探求方言特点，体会家乡语言魅力。3. 设计访谈方案，制作人物展板，记录家乡的人，传承家乡文化的人文精神。4. 对丰富家乡文化生活提出合理建议。

写作：

家乡人物（风物）志　写调查报告　学写建议书

第五单元

课文（学习活动）：

整本书阅读

《乡土中国》

人文主题：

乡土的中国：反思七十年来的中国社会变迁，观察和思考中国当下社会结构及精神状态，提高社会责任感，关注并积极参与中国的社会历史发展进程。

学习任务群：

整本书阅读与研讨

语文素养要求：

1. 分类梳理书中的概念术语，关注阐释方法的合理运用。通过梳理整合，将书中的语言材料和语文知识结构化，理解作者借助概念解剖乡土社会结构的方法。2. 运用思维导图勾勒十四篇文章之间的内在联系，简要梳理每篇文章内部的逻辑结构，在实践中提升思维品质，增强思维的深刻性、敏捷性、灵活性、批判性和独创性。3. 摘录书中名言警句，感受全书独特的语言魅力，能将具体的语言文字作品置于特定的交际情境和历史文化情境中去理解、分析和评价。4. 了解全书的学术思想和学术价值，探索学术类著作的阅读方法，不断提升阅读能力，积累自己阅读整本书的经验，养成良好的阅读习惯。

写作：

写调查报告

第六单元

课文（学习活动）：

10 劝学/荀子

   ＊师说/韩愈

11 反对党八股（节选）/毛泽东

12 拿来主义/鲁迅

13 读书：目的和前提/黑塞

   ＊上图书馆/王佐良

人文主题：

学习之道：引导学生围绕学习之道，结合自身的经历感受，体悟正确的态度立场，掌握学习的方法路径，探索学习的意义价值。

学习任务群：

思辨性阅读与表达

语文素养要求：

1. 通读课文，明确作者的观点和态度；结合作者的思想主张和写作背景，理解文章观点的现实针对性。2. 细读课文，理清说理的思路，学习说理的方法，辨别严谨论证和生动说理之间的区别。3. 研读课文，分析政论文、杂文、随笔等文体的不同语言风格，从语言角度体会作品的读者意识。4. 围绕"学习之道"，多角度思考问题，选择合适的角度，以恰当的方式，有针对性地阐述自己关于"学习"的观点，完成写作和演讲。

写作：

学写议论文

第七单元

课文（学习活动）：

14 故都的秋/郁达夫

  *荷塘月色/朱自清

15 我与地坛（节选）/史铁生

16 赤壁赋/苏轼

  *登泰山记/姚鼐

人文主题：

自然情怀：体味景物描写背后的审美趣味和人生境界，以及折射出的民族审美心理。

学习任务群：

文学阅读与写作

语文素养要求：

1. 反复涵泳咀嚼，感受作品的文辞之美。2. 体会民族审美心理，提升文学欣赏品位，培养对自然的热爱之情。3. 关注作品中的自然景物描写和人生思考，体会作者观察、欣赏和表现自然景物的角度，体会文章情景交融、情理结合的特点，深入挖掘作品的意蕴，获得审美体验。4. 从古今不同风格的散文中学习记叙、描写、议论、抒情等多种表达方式，并在写作中灵活运用。

写作：

　　学会写景

第八单元

课文（学习活动）：

词语积累与词语解释

学习活动

　　一　丰富词语积累

　　二　把握古今词义的联系与区别

　　三　词义的辨析和词语的使用

人文主题：

　　语言家园：词语本身，就建构起了某种语文生活方式。

学习任务群：

　　语言积累、梳理与探究

语文素养要求：

　　1. 了解汉语是有系统的，通过梳理词语的来源、适用的对象和范围以及语素组合方式来积累词语，形成结构化的词语知识。2. 熟悉辨析词义的常见方法，掌握词义变化的基本规律，认识古今词义的差异与联系，学习文言文时不以今律古。3. 掌握有关词语感情色彩、语体色彩的知识，探究他人在口头和书面表达中词语选择的艺术，提高自己理解和运用词语的能力。

写作：

　　写语言札记

下册

第一单元

课文（学习活动）：

1　子路、曾晳、冉有、公西华侍坐/《论语》

　＊齐桓晋文之事/《孟子》

庖丁解牛/《庄子》

2　烛之武退秦师/《左传》

3　*鸿门宴/司马迁

人文主题：

中华文明之光：深化对传统文化的认识，强化传承中华优秀传统文化的意识，增强文化自信。

学习任务群：

思辨性阅读与表达

语文素养要求：

1. 在理解文意的基础上，整体把握经典选篇的思想内涵，认识其文化价值，思考其现代意义。2. 初步了解儒家、道家思想的特征，体会相关篇章论事说理的技巧和不同的表达风格。3. 阅读史传文、关注叙事曲折有序、写人生动传神的特点，尝试理性评价历史叙述中体现的思想、观念，认识历史人物和历史事件。

写作：

学写议论文（如何阐释自己的观点）

第二单元

课文（学习活动）：

4　窦娥冤（节选）/关汉卿

5　雷雨（节选）/曹禺

6　*哈姆莱特（节选）/莎士比亚

人文主题：

良知与悲悯：对他人的不幸抱有同情，心怀悲悯；鄙弃丑恶，追求正义，坚守良知，这些都是人类应该具有的品格。

学习任务群：

文学阅读与写作

语文素养要求：

1. 梳理剧情，找出主要冲突，理解冲突背后的深层原因，抓住个性化、动作性来推敲和品味戏剧语言，理解悲剧的特征。2. 创作台本，揣摩最合适的语气语调，补充细节，设计适宜的表演方式，尝试舞台布置、服装设计、灯光安排等。3. 扮演角色，体验表演，互动合作，获得对戏剧表演性的直接体验，理解戏剧的舞台性，在评议总结中加深认识。4. 阅读拓展，阅读《窦娥冤》《雷雨》《哈姆莱特》全剧和不同时代戏曲的经典选段，观看经典演出片段，进一步体会戏曲的独特魅力，提升欣赏水平。

写作：

创作戏剧台本，写观剧心得

第三单元

课文（学习活动）：

7 青蒿素：人类征服疾病的一小步/屠呦呦

　＊一名物理学家的教育历程/加来道雄

8 ＊中国建筑的特征/梁思成

9 说"木叶"/林庚

人文主题：

探索与发现：认识人类科学探索与创新的意义，发现人类文明演进的足迹，体会人文之美与理性的价值，激发探索意识、创造激情和理性精神。

学习任务群：

实用性阅读与交流

语文素养要求：

1. 关注文体特征，能说出本单元选文在文体上的异同点，能根据文体特征确定学习重点。2. 找出并解释课文中的核心概念或关键术语，能梳理概念（术语）与作者观点之间的联系。3. 理清文章的观点与材料、思路与结构，在此基础上概括课文主要内容。4. 能举例说明作者阐释说明、逻辑推理、联系举证、想象联想等写作方法，体会文章的语言风格。5. 运用所学知识，探究实际问题，形成自己的见解，写一篇事理说明文。6. 结合课文总结本单元作者的思维方法，能说出科学思维对培养理性精神和科学素养的作用。

写作：

    学写说明文（如何清晰地说明事理）

[第四单元]

课文（学习活动）：

信息时代的语文生活

学习活动

    一　认识多媒介

    二　善用多媒介

    三　辨识媒介信息

人文主题：

    媒介素养：学习跨媒介信息的获取、呈现与表达，观察、思考不同媒介语言文字运用的现象，梳理、探究其特点和规律，提高跨媒介分享与交流的能力。

学习任务群：

    跨媒介阅读与交流

语文素养要求：

    1. 了解媒介演变历程和不同媒介的传播特点，学会根据不同的需求使用不同的媒介。2. 懂得辨别多元信息的真伪，增强辨识信息的能力。3. 在跨媒介阅读与交流中进行深度学习，并根据学习生活中的具体诉求选择准确的媒体语言，提高信息时代的语文运用能力。

写作：

    跨媒介表达

[第五单元]

课文（学习活动）：

10　在《人民报》创刊纪念会上的演说/马克思

    在马克思墓前的讲话/恩格斯

11　谏逐客书/李斯

    ＊与妻书/林觉民

人文主题：

使命与抱负

学习任务群：

实用性阅读与交流

语文素养要求：

1. 通过专题研讨，加深对"抱负与使命"的认识。2. 明了选篇切于实用、关注特定对象、富于针对性的特点。3. 学习有理有据地发表意见、阐发主张。4. 把握书信注重交流、抒写自由的文体特质，体会作者的真挚情感。

写作：

学写演讲稿

第六单元

课文（学习活动）：

12 祝福/鲁迅

13 林教头风雪山神庙/施耐庵

  * 装在套子里的人/契诃夫

14 促织/蒲松龄

  * 变形记（节选）/卡夫卡

人文主题：

观察与批判：以正确的立场、睿智的头脑和敏锐的眼睛去观察和思考，分析、鉴别和判断。

学习任务群：

文学阅读与写作

语文素养要求：

1. 通过知人论世，从人物与社会环境共生中认识人物性格形成和发展的原因。2. 通过主题阅读和比较阅读的方式细读文本，品味小说在形象、情节、语言等方面的独特魅力。3. 通过阅读小说，了解小说中运用的多种艺术手法，借鉴小说的技法进行创作。4. 通过阅读小说，提升对社会现实观察、分析、判断的能力，激发想象，培养学生高尚的审美情趣。

写作：

学会叙事（叙事要引人入胜）

第七单元

课文（学习活动）：

整本书阅读

《红楼梦》

人文主题：

不朽的红楼：反复阅读，获得审美感悟，丰富自己的精神世界。

学习任务群：

整本书阅读

语文素养要求：

梳理小说主要情节，理清人物关系，理解和欣赏人物形象，探究人物的精神世界，整体把握小说的思想内容和艺术特点，建构阅读长篇小说的方法和经验。

写作：

学写综述

第八单元

课文（学习活动）：

15　谏太宗十思疏/魏征

　　＊答司马谏议书/王安石

16　阿房宫赋/杜牧

　　＊六国论/苏洵

人文主题：

责任与担当：自觉承担匡世济民的责任，忧国忧民，心怀天下，坚守道义，敢于担当。

学习任务群：

思辨性阅读与表达

语文素养要求：

1. 了解谏、疏、赋、书、论等文体的功用与特征，掌握文言基础知识。2. 推敲文章对观点的提炼与阐述，感受并学习古代先贤心怀天下、爱国爱民、克己奉公、持正守道、敢于担当的胸怀与精神，形成正确的价值观。3. 分析文章论证结构，梳理逻辑关系，形成思辨类文本阅读与写作的"知识图谱"。4. 辩证思考作者的观点，客观分析论述过程及所用论据，学会在辩证分析与合理推断的基础上做理性判断，养成大胆质疑、缜密推断的批判性思维习惯。5. 写作议论性文章，学会采取合适的论据，采用合理的论证方式，清晰严密地论证自己的观点。

写作：

学写议论文（如何论证）

前面我们从人文主题、所属学习任务群、语文素养要求、写作等几个方面梳理了统编版高中语文必修教材的内容。相较于以往教材，统编版高中语文更注重语文素养、学习规律，大概念下的大单元教学，开放性和限制性并举，给了一线教师不少空间。当然，正如我们所了解的一样，语文教材是审美素养的重要载体，语文的语言之美、文字之美、结构之美、思想之美、情感之美、价值之美等都是教材的重要内容。以审美视角省察，我们大致还可以得到以下结论：

一是教材各单元人文主题之间的内在逻辑不甚清晰。以必修上册为例，其中涉及青春激扬、劳动光荣、生命的诗意、我们的家园、乡土的中国、学习之道、自然情怀和语言家园等八个人文主题。但为什么是这八个人文主题，这八个人文主题与当代青年的精神世界现状之间是怎样的关系，它们为什么按这样的顺序排布等，我们都没有办法做出合理的解释。

二是学习任务群的界定尚可讨论。比如上册第二单元，教材倾向这属于"实用性阅读与交流"，但仔细阅读单元选文，我们不难发现，它同样可以归类到"跨媒介阅读与交流""思辨性阅读与表达""语言积累、梳理与探究"等学习任务群中。或者说，对这些选文的学习同样可以完成其他学习任务群的任务。目标确定的弹性问题值得我们重视。

三是核心素养要求在人文主题和学习任务群之间应该怎样平衡。比如必修上册第三单元"生命的诗意"，在教学过程中，时常会出现"知识让位于知识点，能力让位于知识，素养让位于应试"的现象，学生完成了诗歌的学习，却不能在精神世界留下一丁点儿的痕迹。这在现实教学中是客观存在的。如何平衡人文主题和学习任务群是一个全新课题。

四是如何确立核心概念难成共识。不同的学习者可根据自身基础来确定学习目标。但是，这是否会造成知识学习的缺失、素养培育的随意、学习任务的虚化？显然，这些问题都还有待商榷或者解决。

二、统编版必修教材的审美整合

美学家席勒认为，自由就是人在精神上的解放和完美人格的形成，人要达到自由的路径就是审美的教育。新课标提出的核心素养，也是人在法律和道德框架下能够得到解放而更自由的前提。从这个意义上说，核心素养的达成和美育的目标是一致的。《普通高中语文课程标准（2017 年版）》还指出："进一步精选了学科内容，重视以大概念为核心，使课程内容结构化，以主题为引领，使课程内容情境化，促进学科核心素养的落实。"[1] 因此，对统编版高中语文必修教材进行审美整合有利于核心素养的落地和实现。

1. 人文主题的审美整合

统编版高中语文必修教材以"理想信念""文化自信""责任担当"为核心编排了"青春激扬""劳动光荣""生命的诗意""我们的家园""乡土的中国""学习之道""自然情怀""语言家园"（上册）和"中华文明之光""良知与悲悯""探索与发现""媒介素养""使命与抱负""观察与批判""不朽的红楼""责任与担当"（下册）等十六个人文主题。

教育的价值是使人完善。人文主题是教材价值的重要依托，它承载了国家对受教育者所应具备的人文素养的起码要求。从人的基本素养需求来看，从人与自然、人与社会、人与自我的角度对照，我们可以将上述十六个主题

---

① 中华人民共和国教育部. 普通高中语文课程标准（2017 年版）[M]. 北京：人民教育出版社，2018：前言 4.

做简单切分："我们的家园""自然情怀""探索与发现"一类；"生命的诗意""乡土的中国""语言家园""中华文明之光""媒介素养""观察与批判"一类；"青春激扬""劳动光荣""学习之道""良知与悲悯""使命与抱负""不朽的红楼""责任与担当"一类。可见，高中语文教材关注更多的首先是向内的自我建设，其次是向外的社会理解，最后是向外的自然情怀。这与儒家传统教育观念也是相吻合的——"修身齐家治国平天下"的追求，"修身"是前提，"平天下"是目的；即便不能，也要"穷则独善其身"，强调内在修为；实在不济，"因寄所托，放浪形骸之外"，在自然山水中寻求身体和心灵的寄托。

从高中生的年龄特点和高中的学段特点看，我们也可以做如下的整合：青春筑梦——"青春激扬""学习之道""中华文明之光""不朽的红楼""语言家园"和"观察与批判"，青春逐梦——"劳动光荣""我们的家园""自然情怀""乡土的中国""良知与悲悯"，青春圆梦——"生命的诗意""探索与发现""媒介素养""使命与抱负""责任与担当"。这样的学习更有利于学生明白"我"有什么，国家社会需要"我"能做什么，"我"还缺什么，怎样才能做到国家社会需要的。

当然，我们也还可以补充一些人文主题或者在现有学习资源的基础上重整一些适合时代需求和学生成长的主题。总之，只要建立在发展学生基础之上的主题，都是应该受到欢迎、得到重视的。

2. "大概念"的审美建构

前文提及，新课标崇尚"大概念"为核心的教学。但课标并没有规定什么是大概念以及用怎样的大概念建构教学内容。这是空白领域，同时也是创造的空间。教师可以以"大概念"的确立为核心，建构审美化的教学内容。

"大概念"的提法源于国外，被认为是居于学科核心的"大观念"，是对概念之间关系的表述。"大概念"被引入我国基础教育领域后，不断被学者阐发。王荣生教授认为，"大概念"分为两类：一类是跨学科或超越单元主题的，需要综合性理解；另一类是关涉学科及单元主题的，是主题性理解。目前，国内教育界趋于一致的看法是，语文学科"大概念"是指居于语文学科核心位置，能集中体现语文学科特质，可以迁移运用于不同情境，有高度的概括性、普遍性和抽象性的思想或看法。①

在运用"大概念"进行单元教学设计的时候，要充分考虑所确定"大概念"的学科属性（语文的）、概括性质（语文本质的、可迁移的）和体系序列（相对完整的）。教学实践中为了照顾到上述三个方面，一般从单元导语（编者意图）、单元学习任务群（课标任务）和教师个性理解（个性化落实）三个层面综合考虑，并最终确定。笔者基本认同李松林等学者提出的"确证大概念（抽象并论证）——外显大概念（目标化描述）——活化大概念（概念问题化）——建构大概念（问题文本化）——评价大概念（评估效果）"的教学设计模式②。

以必修上册第二单元为例。首先是根据人文主题"劳动光荣"、学习任务群"实用性阅读与交流"和单元导语等现有材料，联系新课程标准中"实用性阅读与交流"的学习目标与内容，确定本单元大概念：新闻报道和新闻评论通过典型事件、细节和独特的立场来表现人物精神和阐明观点。然后，结合文本描述目标：一是学习通讯报道，学会准确把握新闻信息，学习以典型事件和细节表现人物品质的写法，分析报道角度，区分新闻事实和新闻背景，理解新闻的倾向性，有意识地提升自己的媒介素养；二是学习新闻评论，理解评论所依据的新闻事实与评论的立场、观点的关系，理解评论的舆论导向性；三是学习联系社会现实提出观点并合理阐述的写法。接下来设计问题情境：设计一个有关"劳动光荣"主题的黑板报。然后结合文本做具体分析（选择什么人？为什么选择这些人?），确定黑板报的要素（事迹、评价、态度）。最后还要对活动进行评价反馈。

3. 单元学习内容的审美重造

学习任务群"文学阅读与写作"分散在必修教材的上、下册中，写景抒情散文是其中的重要内容之一。上册第七单元就是专门的写景抒情散文单元。

---

① 童志国，刘志胜. "大概念"视域下单元教学设计构想［J］. 中小学教师培训，2021（11）：44‒48.

② 李松林，贺慧，张燕. 深度学习设计模板与示例［M］. 四川：四川师范大学电子出版社，2020：303‒308.

教材选择了五篇文章，分成三组：第一组是现代散文，郁达夫《故都的秋》和朱自清《荷塘月色》；第二组是当代散文，史铁生《我与地坛》；第三组是古文散文，分别是苏轼《赤壁赋》和姚鼐《登泰山记》。教材编者结合单元学习任务，给出了这样的教学建议：一是分析和揣摩散文写景的技巧；二是体会文章融情于景、情景交融的特点，感受作者的思想感情；三是品味语言，鉴赏散文语言之美，提高文学素养；四是理解哲理，注重文化积累和审美熏陶。①

如果在进行单元教学之前，我们先将两篇文言文疏通文意，解决文言现象、文言知识的积累问题，再和其他现当代散文重组单元教学内容，一样可以实现教材单元教学目标。厦门第一中学的钟斌和林明两位老师就重新设计教学内容，从自然情怀、生命观照和审美情趣的诗意表达的角度，给群文教学拓展了新的路径。

他们分四个专题来组织这个单元的教学。专题一以梳理"景、情、理"的关系为抓手，将《荷塘月色》《我与地坛》和《赤壁赋》进行组合，引导学生发现"第二自然"（客观景物进入主观视野，被描摹后的自然），体会物我关系。专题二选择《故都的秋》加上《想北平》《说北平》两篇课外学习资源，组成一组与北平有关的散文专题，引导学生结合不同作家的生活背景、价值观、人生观等，体会不同的选景特点和写作风格。专题三把《荷塘月色》《故都的秋》《我与地坛》组合，引导学生体味其中的语言之美，由此披文入情，体会不同作家的气质性情。专题四组合《赤壁赋》《登泰山记》《西湖游记二则》三篇古代记游散文，引导学生赏析山水之美，比较古代游记散文在景、情、理方面的异同，走进不同作者的精神世界。②

教学内容层面的整合是建立在教师对课标、教材、学习任务群的基础上的，同时有赖于个人阅读实践和经验的整合，是更具个性也相对难以把握的一种整合。老师们可以结合自己的思考和积淀，进行积极有益的尝试。

---

① 王涧. 自然情怀与文学素养 [J]. 语文教学通讯，2021 (45)：31 - 33.

② 钟斌，林明. 自然情怀、生命观照与审美情趣的诗意表达 [J]. 福建教育学院学报，2020 (11)：11 - 17.

第五章　怎样开展审美视域下的高中语文教学

　　学习语言文字的运用，习得其中的规律是语文教学的天然使命；从语言文字出发，通过咀嚼语言感悟情感、体悟思想，提升思维、传承文化，让学生在文字纯美的世界里了解社会的"真"、认识人性的"善"、体悟情感的"美"，进而开拓思维的空间，让精神成长和灵魂丰盈也是语文教学的题中之义。有人将合规律性的真和合目的性的善理解为"美"。从这个意义上看，将高中语文教学放到审美视域下来审视有着独到的意义。就语文课堂而言，其涉及审美的流程大致有情境任务的设置、学生的学习体验和课堂教学评价等。后面将专门讨论教学评价，本章对情境设置、任务设计和学生的审美体验进行探讨，同时结合教学实践，探索审美课堂的基本模型。

第一节　情境设置：语文生活的真情境

　　"情境"不是新词，而是热词。之所以说它"不新"，是因为情境教学法早已有之，不是新课标的独创；之所以说它"热"，是因为新课标的推进，将它的使用范围进行了扩充，尤其是它在评价领域的推广使用方面，更是赢得广大一线教师和研究者的高度关注。

　　从教学层面看，情境既是物理的环境和氛围，也是教师结合学习内容和学生学情，创设的与教学相关的、以直观方式再现书本知识所表征的实际事物或实际事物的相关背景。它是问题解决教学的主要表现形式。教学情境解决的就是学生在认知过程中的形象与抽象、实际与理论、感性与理性以及旧知与新知的关系和矛盾。教师创设的教学情境主要有三种，即个人体验情境、学科认知情境和社会生活情境。情境教学早先于大概念教学而产生，却因为大概念教学而"走红"。这里我们的主要关注点在于教师设置的和教学直接相关的各种情境，而不是教室里的物理环境。

一、情境创设的教学意义

1. 情境创设有助于学习重建

统编版高中语文教材鼓励教师根据人文主题、结合课文内容，在大概念统领下创造性地开展大单元教学活动。而情境创设是大单元教学的依托之一，着力情境创设将有助于学习重建。杭州学军中学的朱高雄老师在和学生一起学习必修上册第二单元的时候，基于教材选文大多源于报刊的实际，围绕报刊设置生活情境："编辑部新来了年轻人"。围绕这个情境，朱老师还设计了以下学习任务①。

【活动一】编辑部新来了年轻人

……

任务一：以学习小组为单位，各领一份报纸（如《钱江晚报》），辨别出报纸上的消息、新闻特写、人物通讯、新闻专访、新闻评论，并标注在报纸上。

任务二：各学习小组派代表进行班级交流，展示分类结果。

【活动二】我们都是"标题党"

……

任务一：学习小组内部交流，如：哪些标题需要修改？如何修改？为什么？

任务二：各学习小组推选一个或一组新标题，并派代表进行班级交流。

任务三：全班同学就各代表的发言，讨论人物通讯的拟题原则，以关键词的形式提炼出来，并写在黑板上。

【活动三】编辑的修养

……

---

① 朱高雄. 巧设情境驱动任务　读写融合建构方法［J］. 教学月刊（中学版），2022（4）：26－30.

任务一：查阅《说文解字》，分析《芣苢》一诗中动词的字形与字义，谈谈采芣苢者的劳动状态。

任务二：在教师展示芣苢的释义（车前草……）的基础上，自由朗读《芣苢》，从表达方式或表现手法的角度，谈谈采芣苢者的情感状态。

任务三：马克思说："劳动或实践，也就是人的本质力量的对象化。"请在前两个任务的基础上，评价马克思的观点。

【活动四】"人物通讯奖"评选活动

……

任务一：以学习小组为单位，从新闻价值、报道角度、结构层次、语言表达四个方面讨论"人物通讯奖"的评选标准。要求：讨论各个方面的具体标准及对应的分值，并整合为一个评选标准表。

任务二：每个学习小组确定一篇人物通讯作为推荐对象，并根据"人物通讯奖"评选标准，撰写"人物通讯奖"推荐书。

【活动五】编辑部的征稿

……

编辑部决定为《以工匠精神雕琢时代品质》一文拟写一段"编者按"，提示"工匠精神"对抗"劳动异化"的价值与意义。要求：角度明确，要点清晰，分析精当，300字左右。

每一个情境的创设都包含了创设者对学习内容的把握，学习方式的设计和学习结果的预期。朱老师围绕"劳动光荣"的人文主题，结合选文多出自报刊的现实，设计了上述情境和任务，重组了学习内容，重构了学习方式，重建了学习秩序，将新课标新教材的要求个性化地落到了实处。对学习过程进行重建是新时代学习的新要求。在这个设计中，学生对文本的学习不能像以往一样，靠课堂上的时间；教师也不再像以往那样，将知识传授给学生，而是引导学生在生活情境中运用知识解决实际问题。

2. 情境创设有助于学生学习

无论是个人体验情境、学科认知情境还是社会生活情境，其创设的目的都是激发学生的学习热情，引导学生自主学习。比如，个人体验情境。课标提出"个人体验情境指向学生个体独自开展的语文实践活动，如在文学作品阅读过程中体验丰富的情感，尝试不同的阅读方法以及创作文学作品等"①。有时情境是运用各种手段，激发学生的学习兴趣，这是一直以来人们常见常用的手段；有时情境是将声音、画面、视频引入课堂，这多是将课文内容更直观、形象、具体地呈现在学生面前，让学生更容易理解文本；有时情境是将读者带进文本，让读者在朗读、品鉴中深入理解文本和理解作者……

再如，学科认知情境。课标指出，"学科认知情境指向学生探究语文学科本体相关的问题，并在此过程中发展语文学科认知能力"②。与以往一些课堂片段化、静态化的学习情境相比，学科认知情境强调以整个单元的结构化、任务化、动态化大情境为背景，追求课堂上的深度学习。必修上册第三单元是古代诗歌单元，单元的人文主题是"生命的诗意"。学生了解诗歌的特点，掌握古诗词鉴赏的基本方法，认识古诗词的当代价值，学会写文学短评是学习目的。我们设计这样的情境引导学生探究近体诗的格律特点。叶嘉莹先生说："在中国诗歌的体裁形式之中，最为精美的就是七言律诗。"明代胡应麟推崇《登高》为"古今七律第一"。《登高》的格律谨严吗？设计这样的情境引导学生领略诗风不同作品的审美特质：1. 请结合《短歌行》谈谈你对刘勰"志深而笔长，梗概而多气"的理解。2. 苏轼评价陶渊明的诗"质而时绮，癯而实腴"，请就《归园田居》谈谈你的理解。设计这样的情境引导学生学会以意逆志的鉴赏方法：阅读曹操的《却东西门行》和陶渊明的《杂诗（其二）》，试分析这两首诗分别表达了诗人怎样的人生态度。这些情境知识，基于教材又不局限于教材，以实实在在的知识掌握、问题探讨让学生在知识的海洋里遨游，而不是被动地、极不情愿地接受知识。

最后说说社会生活情境。课标指出，"社会生活情境指向校内外具体的社会生活，强调学生在具体生活场域中开展的语文实践活动，强调语言交际活动的对象、目的、表述方式等"③。比如前面提到的"编辑部新来了年轻人"

①②③　中华人民共和国教育部. 普通高中语文课程标准（2017 年版）［M］. 北京：人民教育出版社，2018：48.

情境，所有任务都是这个情境下真实存在的任务，也是在这个情境中必须解决的问题。以社会生活情境为核心组织教学活动是更接近生活实际和评价要求的活动。比如必修上册第四单元"家乡文化生活"。我们设计了这样的学习情境：近些年来，随着越来越多的父母选择与子女用普通话交流，校园里也出现了很多"只会听不会说"本地方言的"非典型"本地人。像这样"方言式微"的现象越来越普遍，也因此越来越受到重视。你所在的地方志撰写部门，拟围绕"保护方言"这一主题，开展方言使用现状调查、分析等活动，并征集保护方言的合理化举措。请你参与分析调查，并提出合理化建议。这样的情境直接将学生从教室里拉出来，将他们推向社会，去发现问题，并通过调查分析解决问题。这是学习产生的直接生产力，发现生活中的问题，并能自主地解决这些问题。

3. 情境创设有助于教师成长

教师专业成长离不开课堂。在学生的学习过程中，教师要想成为真正意义上学生成长的引领者、指导者和陪伴者的话，教师设计教学情境的能力不可小觑。因此，推广情境教学本身就有助于教师专业成长。如果教师在设计过程中，还能注意到情境任务的精益求精，那么情境创设带来教师成长就更顺理成章了。这里不再赘述。

二、情境创设的常见问题

新课标提出"真实、富有意义的语文实践活动情境是学生语文学科核心素养形成、发展和表现的载体"[①]。真实、富有意义是考察情境创设质量的重要指标。所谓真实的情境，是基于学生学习过程中真实的问题与困惑，设计的学生能够接受并指向问题解决、困惑消除的情境；所谓富有意义的情境，是指学习情境的创设要走在学生的前面，能够发挥引领和促进作用，从而产生实际的学习效果。

---

① 中华人民共和国教育部. 普通高中语文课程标准（2017 年版）[M]. 北京：人民教育出版社，2018：48.

对照新课标要求，我们不难发现当下高中语文教学情境创设中存在的问题：一是情境创设不真实，二是意义价值不能充分体验。情境创设不真实，主要原因有两点。其一，情境设计未充分考虑学生学情，一味追求生活化，导致学生无效或者低效地学习。比如，除非是专场的课本剧演出，课堂上的即兴演出往往以笑场、闹场结束。这就是没有考虑到学生没有专门学过表演，不可能在短时间内精准传达人物的形象特点，以及作品的思想内涵。硬要求学生表演，往往只能走过场，达不到我们期待的效果。当然，分角色朗诵是不包含其中的，因为朗读本身就是语文学习中应该掌握的能力。其二，情境设计与学习目标分离。以必修上册第七单元为例。有这样一个情景设计和任务要求：在本单元写景散文中，选择一段优美的文字，研读、朗诵，选择配乐和插图，制作成散文 MV，并在班级发布交流。第七单元的人文主题是"自然情怀"，所属学习任务群是"文学阅读与写作"。选择优美的文字研读、朗诵都是对语言文字理解把握的实践活动，但制作 MV 就不属于文学阅读和写作的范畴，也谈不上"自然情怀"的培育。这样的情境设计完全是"热闹了课堂、寂寞了语文"之举，应该杜绝。

"意义价值不能充分体现"的教学情境往往流于情境的形式，事实上并未真正把握情境与学习之间的关系。以必修上册第六单元为例。有老师在课前设计了这样的情境导语：从 2019 年年底持续至今的新型冠状病毒感染疫情，给世界形势和我们的生活都带来了巨大的影响。在今年的毕业季，就业和待遇问题引发了很大的社会关注。一方面，很多毕业生发现就业形势极为严峻，专业或薪资合心意的岗位难觅；另一方面，依托于互联网的外卖、直播等行业风生水起，很多本科生、硕士生也戴起头盔送起了外卖。在这种形势下，"读书无用论"再次被热刷。关于这个问题，同学们是否有过自己的判断和思考？对自己目前的学习状态、学习目标，你有什么样的规划？本单元的学习内容，就是大家一起探讨关于学习的态度和方法，明确自己的学习现状和对学习目标的规划。第六单元的人文主题是"学习之道"，所属任务群为"思辨性阅读与表达"。上述情境内容的表述，概念化地阐释了单元主题，没有关注单元学习的具体内容，也不能真正意义上激发学生学习文本的热情，不能引领学生学习，也不能促进学生学习，给人的感觉，甚至这可能就是一节班会课而不是语文课。这种情境在有助于学习的层面上看也属于伪情境。

另外，目前对情境创设的研究，大多关注的是个人体验情境和生活实践情境，而语文学科知识情境关注得不多。有老师在设计必修上册第六单元教学的时候，要求学生联读《读书：目的和前提》《上图书馆》两篇文章，学习这两篇文章自由而灵活的表达特征，培养良好的阅读兴趣，建立科学的阅读理念。基于上述思考，就这样设计情境：学校图书馆落成，阅览室墙壁上准备悬挂一些谈阅读的经典文章，学校发动学生撰写。请你阅读《读书：目的和前提》《上图书馆》，写一篇 500 字左右的推荐短文。① 在教学过程中，引导学生"寻找推荐点""讨论推荐点""撰写推荐文"，以语文知识情境，完成新知的学习，是值得学习和进一步关注的。

三、情境创设的实践优化

1. 基于学生学情，创设真实情境

之所以要创设学习情境，是因为要引领、促进学生的学习。情境创设的前提一定是根据学生学情，而不是老师的个人阅读经验和生活阅历。同时，教学是一种引领和抵达，朝着教师预设的目标的学习才是真正高效的学习。所以，情境创设也不否认教师的预设。问题的核心在于创设的情境要真实，要符合学生的实际、学习的实际和生活的实际。比如，将表演的情境要求明确为朗读的要求，或者是交流、辩论的要求。学生体验后能够说出为什么要这么朗读，我考虑的和别人的差异在哪里，我需要改进提升的地方在哪里，等等，就能明确努力方向，引领学习深化了。

情境假设是允许的，但需要注意的是，假设的情境必须是一种可能存在，比如身份假设。这个假设的身份要可能存在，假设身份之后的学习、生活的情境也要可能存在，这样创设的情境才有意义。如果假设的情境根本不可能存在，以一种虚拟的身份去谈一个虚拟的事件，即便以同理心对

---

① 孙晋诺. 笔调与旨趣：随笔的表达［J］. 语文教学通讯，2021（25）：68 - 69.

待，也是一种推断而不是一种体验，很难成为一种结论，更不用说形成一种经验了。

2. 明确学习内容，情境意图清晰

在大单元教学背景下，相同的学习资源，不同的学习目的，会形成不一样的教学方案。情境设置服务于学生学习，明确学习内容和学习目的，是情境设置的前提，比如上述制作散文 MV 的情境。这里部分涉及了语文知识和语文能力，还有部分是信息技术的知识技能，不属于语文课应该完成的任务，即便从学科整合的角度看，这也不是语文学科能单独完成的事情。但是，换个角度思考，我们不要求学生能制作 MV，而是要求学生说说自己理想中的MV 画面是怎样的、配乐是怎样的，通过这个 MV 自己想呈现的是什么、表达的是什么，以此来促进学生对"情景交融"写作手法的掌握，以及作者形象的基本认识，"自然情怀"也能找到落地的可能。

因此，在设置情境的时候，要关注单元人文主题和所属学习任务群，在明确教材内容的基础上，首先制定学习目标，然后再综合考虑情境设置，这样情境意图才清晰明了，教学和学习才能做到有的放矢。仍以必修上册第七单元教学为例。我们以为郁达夫、朱自清、史铁生三人中的一人制作个性名片内容为情境，给学生提供学习资源搜集路径，要求他们联读《故都的秋》《荷塘月色》《我与地坛（节选）》三篇文章，分析三位作家笔下景物的不同特点，探究人与景之间的关系，体会人与景共生的境界。

3. 合理"情境＋任务"，实现知行合一

过去在教授情境教学法的时候，老师们接触比较多、运用相对熟悉的是情境导入、配乐朗读和角色扮演。仔细分析老师们的常用方法，我们会发现，老师们只是运用情境来烘托氛围、渲染情绪，没有具体任务支撑，结果往往是导入结束，情境丢开；朗读完成，氛围消散；扮演开始，热闹启程……情境和任务"两张皮"，很难做到知行合一。

新课标主张将情境与任务并提，把学生在什么条件下完成什么事情以及完成的程度，表现得自然清楚，这是教学设计常见的呈现方式。但这也往往会让人产生误解，只要任务表述清楚，情境设置的优质与否可以不予考虑。

于是，我们也常常能见到一些不合时宜的情境，以及在不合时宜情境下的不合时宜的任务要求。这一点将在下一节中详细阐述。

4. 关注知识情境，完善设置路径

如果说上面提到的三点，是在思想理念和方式方法层面的优化，那么关注知识情境设置就是在路径层面的拓展优化。因为个人体验情境和生活实践情境，往往基于大概念，利于形成大单元，所以受到热捧。而知识情境常常被误认为是具体问题、不能算作学习情境而被忽视。

以知识情境为大概念组织大单元教学也未尝不可。以必修上册第三单元为例。第三单元是古诗词单元，属于"中华传统文化经典研习"学习任务群，人文主题是"生命的诗意"。我们以语文知识"以意逆志"为大概念，要求学生联读曹操《短歌行》和陶渊明《归园田居（其一）》，参读曹操《却东西门行》和陶渊明《杂诗（其二）》，找出反映诗人人生态度的诗句，同时引导学生思考：（1）曹操"对酒当歌"蕴含借酒浇愁的想法，魏源却说"对酒当歌，有风云之气"，这体现了什么道理？（2）《归园田居（其一）》"复得返自然"让诗人欣喜若狂，这是不是人生的一种逃避？学生由此明白，"人生在世当以进取为务，同时也应该不断地丰盈自己的精神，不汲汲于功利。纵使路途艰险，困难重重，也要保持人格的完整，不忘初心，砥砺前行"[①]。

第二节　任务设计：可操作性的小任务

新课标强调学习就是要让学生"做事"，语文学习就是让学生做"语文的事"。学生在做事中掌握的知识、形成的能力、涵育的素养才能真正属于自己。学习任务就是学生在课堂上所需要完成的事情。既然要在语文课堂上完成，那么，这个任务就不能过大，要边界明确（不能大：语文的、课堂能完成的）、指向明确（不能散：谁做事做何事）、评价明确（不能乱：做成怎样）。

---

　　① 朱俊锋. 进取与超脱：两种人生取向［J］. 语文教学通讯，2021（25）：32 - 34.

一、《边城（节选）》学习任务设计的三个案例

案例一：以探寻边城之美为学习任务，学生通过"我是朗读者""我是演员""我是记者"等活动来理解作者的创作意图，梳理积极向上的价值观。

活动一：探寻风俗美。设置"我是朗读者"的情境。

挑选文中最能体现湘西特色民风民俗的描写语段进行朗读，并谈谈自己的朗读感受。

活动二：探寻人性美。设置"我是演员"的情境。

挑选文中有关人物的对话描写，两两组队进行角色扮演，体验人物情感，感受人物形象。

活动三：探寻美的意义。设置"我是记者"的情境。

进行一次模拟采访，对课文的"作者"提出这样的问题——为什么将边城人的生活写得如此之美？并请联系自己的生活实际，写一写从课文中获得的审美感知。

课后作业："我是画家"。将你探寻到的文本的美用海报的形式绘制出来，并配上一段文字。

案例二：以边城的环境美为学习内容，引导学生关注传统文化，感受不同地方的不同习俗、民性，帮助学生建立起自身阅读体验与社会现实生活的勾连。

情境任务：展示凤凰古城景区旅游不良风气的报道，提供地方政府要重塑古城形象向社会征集意见的假设，由学生根据文本描写的环境之美为当地政府提供合理建议。

活动一：设置情境、明确任务。投影展示凤凰古城景区旅游不良风气的报道和图片，如果当地政府有意重塑凤凰古城形象，向社会广泛征求意见，作为一名《边城》的爱好者，你希望呈现出怎样的古城呢？请按照所给句式，依次从风景、风俗、人情三个方面来表达你的想法。

句式：我希望看到一个＿＿＿＿＿＿的凤凰古城，因为《边城》第＿＿部分第＿＿节描写了＿＿＿＿＿＿＿＿＿＿。

活动二：撰写宣传语。经过当地政府和人民的共同努力，凤凰古城恢复

了原有的古朴风貌、淳朴人性、热闹风俗，现在邀请你做形象大使，你会宣传它的哪些迷人之处呢？

请你以"来凤凰吧"为开头，以文中出现的人、事、景等细节为内容拟写一段宣传语。

示例：来凤凰吧，来掬一捧这绿色的江水！

活动三：探究思考。有人说《边城》是一曲对"美"与"爱"的赞歌，更是沈从文对故土湘西的乡土风俗的优美挽歌。对"挽歌"的说法，你认可吗？为什么？

案例三：以梳理分析翠翠等"边城人"形象，判断文本人文内涵和艺术价值为学习内容，帮助学生从作品主题、文化内涵等层面感受、理解、阐释经典文学形象及其独特价值，提升学生的审美能力和鉴赏水平。

任务设计：寻找"翠翠"，编制"中国现代文学画廊人物谱"之《边城》人物篇。

活动一：认识翠翠。细读课文，对描写翠翠这一人物形象的内容圈点勾画，旁注简评形象特点，同学之间开展交流活动。

活动二：寻找"翠翠们"。选取给你留下深刻印象的其他人物（摘录、批注、鉴赏），写一段话，概括"边城人"共同的美，说明这些人物让自己感动的理由。

活动三：谁孕育了"翠翠"？探究"作品背后蕴藏的热情"，完成"文学画廊人物谱"之中国现代文学小说人物"翠翠"篇（边城人群像）。

二、对案例的观照与分析

《普通高中语文课程标准（2017年版）》指出，"'语文学习任务群'以任务为导向，以学习项目为载体，整合学习情境、学习内容、学习方法和学习资源，引导学生在运用语言的过程中提高语文素养"。上述三个设计的共同特点是，都能运用"任务群"的学习方式，让学生在所给定的任务情境中完成对《边城（节选）》有关内容的学习。

《边城》是沈从文先生的代表作。小说写了边城茶峒的一个老船夫的孙女翠翠和船总的两个儿子天保、傩送兄弟之间纯洁和凄美的爱情纠葛，展现的是一幅古朴的湘西风俗画。风景美、风俗美、人情美是鉴赏这篇课文一般意义上的重点。案例一、案例二都是从"三美"的角度来设计学习任务的。问题是案例一将"学习任务"简单地等同于"活动"，用"活动"代替了"学习任务"。三个活动看似热闹，也有一定的任务指向，但游离于文本之外，实际上并没有真正去指导、引导、帮助学生理解文本。"我是演员"应该属于综合实践活动的范畴，短短一节课里，学生是无法完成"演员"的要求和任务的。而"我是记者"活动设计，要求学生采访假想的作者，完成对作者写作意图的揣摩，只能是为活动而活动的无稽之谈了。

设计二是想打通文本和现实的勾连，以生活现象驱动学生对文本的阅读。活动一设计以文本内容的截取、概括来向政府提出改进意见。其中的问题显而易见。一是以《边城》描绘的景物、风情、人情作为理由向政府提出改进意见，是"纸上谈兵"，不具备强大的说服力。从引导学习的角度说，问题的驱动力不够；从解决问题的角度说，不利于学生的能力提升。二是这个过程的实质是概括和提炼，仅仅是以活动的"瓶子"装着知识教学的"老酒"。活动二以文本中的美丽画面为想象中的古城新景设计宣传语是一种能力训练，练习的结果也只是"镜中月，水中花"。活动三能将课堂学习引向深入，却离开了课堂开始时设置的整体情境，给人割裂之感。

设计三跳脱出了一般意义上的学习重点，从人物形象的分析入手组织学生活动，符合文体教学的基本规律，也符合学生学习的基本认知规律。活动设计在人物这个点上逐层深入，由翠翠到边城人，由具体的边城人到边城人群像，学生掌握的不仅仅是人物形象的分析方法，更重要的是人物形象的典型意义以及阅读小说的基本方法。"文学画廊人物谱"的活动则是将学习由课内延伸到课外，融合了知识学习和思维提升。因此，相较而言，无论是从单篇学习的层面看，还是从学生继续学习、能力提升的层面看，学生在这节课上的收获无疑是最大的。当然，如果课前再布置"翠翠的故事""爷爷的故事""傩送的故事"等的提炼整理，一来便于整体把握较长的节选内容，二来将简单问题前置，抬高课堂教学起点，会更有利于学习活动的顺利推进。

三、审美课堂视域下的高中语文学习任务设计

席勒认为,审美是人达到精神解放和完美人性的先决条件。精神解放、人性完美也是教育的追求之一。而语文天生具有美的特质,《普通高中语文课程标准(2017 年版)》也将"审美鉴赏与创造"作为语文学科的四大核心素养之一。可见,以审美课堂的视角来看待语文教学是顺应新课标要求的举措。在审美课堂视域下观照高中语文学习任务设计,涵盖了以下四个方面。

1. 学习任务设计要指向素养

有价值的才是美的。任何一个学习活动的设计都应该指向语文核心素养或者其中的某一个方面。案例二当中的情境设计"学生根据文本描写的环境之美为当地政府提供建议",看似围绕课文培养学生的语言运用与思维发展能力,实际上,因为解决问题思维逻辑上的偏差,导致这样的训练越多,所以学生离生活将越远。而将情境改为"学生阅读文本后,联系新闻报道和生活实际谈谈感受",或许在贴近学生实际的前提下更有语文价值和生活价值,更有利于语文核心素养的培育。另外,指向核心素养的学习任务设计要与课堂问题设计区别开来。现在语文课堂提问普遍存在一种从学习评价角度检测阅读理解效果的现象,而不是引导学生通过学习任务的完成,达到提升语文素养的目的。"请用《边城(节选)》中的一个字概括你的阅读感受,你觉得哪个字最恰当"就属于这样的问题。而我们换个角度,让学生在交流阅读感受的基础之上,再进行概括,既引导了思考表达,又关注到了核心素养。

2. 学习任务设计要讲究适切

适切的才是美好的。第一,学习任务设计与学习内容要相适切。任务驱动内容学习。若设计的任务不能适切要学习的内容,就产生不了驱动作用或达不到任务设计所期待的效果。案例一中"我是记者"就是不适切"为什么将边城人的生活写得如此之美"任务要求的活动。因为"假设采访对象是作者"的前提是不正确的。第二,学习任务设计与语文活动设计要相适切。学习任务多侧重于内容要求,而学习活动多侧重于形式要求。学习任务可以是语文活动,但语文活动不一定是学习任务。比如,朗读是任务也是活动,而

"我是朗读者"是语文活动而不是学习任务。案例一"我是演员"活动中设计的任务"挑选文中有关人物的对话描写，两两组队进行角色扮演，体验人物情感，感受人物形象"与活动本身就不能很好地契合。学生只能以分角色朗读的形式草草地完成表演的任务。事实上，如果都以"读"来贯穿课堂活动，也是个不错的选择。

3. 学习任务设计要符合逻辑

学习目标的完成往往需要几个任务的共同实施才能完成。而不同的任务之间要有一定的逻辑关系，最好能形成一个完整的体系。有体系才符合规律，而符合规律的是美的。具体来说，学习任务设计要符合生活的规律、学生认知的规律，任务与任务之间要有内在逻辑。案例二中的活动三和前两个活动之间就没有必然的逻辑联系。对于《边城（节选）》的教学，还有老师设计了这样的情境：做一期以"遇见湘边的翠翠"为主题的文学小报。具体过程分为四个任务：一是解风情，书写展现民俗风情的语段；二是谈恋情，制作人物名片；三是悟忧伤，理解翠翠的情感；四是加编者按，了解创作意图。四个任务由浅入深，构建明确的任务关系，符合学生的认知规律，符合小报的制作流程，可以说是一个有完整体系的任务设计。

4. 学习任务设计要凸显审美

审美力是诸多能力中最靠近学科育人的一种能力。美的形态不仅是形象的，也是抽象的；不仅是感性的，也是理性的；不仅是文学的，也是科学的；不仅是外显的，也是内在的。就语文学习而言，我们要经由文本的形式美，走向文本深处的情感美和思想美。这是学习任务设计能够凸显审美的基础。具体而言，就是任务情境给人以愉悦感，任务完成给人以充实感（完成知识积累、能力提升、情感丰富和人格成长），任务评价给人以鼓励感。简言之，就是让课堂有情趣、有思想、有担当，这是学习任务设计的较高要求。

第三节　审美体验：涵育素养的新学习

过去，语文学习指从阅读、听讲、研究、实践中获得字词句章、语修逻文知识或技能的过程。到了核心素养时代，语文学习不能仅仅学习知识技能，还要掌握语文核心素养。新课标指出了语文四个方面的核心素养，即语言建构与运用、思维发展与提升、审美鉴赏与创造、文化传承与理解。新的学习理论表明，学习就是发现问题、解决问题的过程。显然，这一过程只有通过亲身体验才能最终有效地完成。

从接受美学的视角来看语文学习，实质上就是师生对文学作品（课文）"召唤结构"的填充和补白。一般来说，只有经过填充和补白的文学作品才能产生意义。这个填充和补白就是运用诵读、对话交流、开展活动、读写结合等学习方法，深化、拓展、激活、升华阅读体验的过程，即审美体验的过程。一言以蔽之，新课程背景下，审美体验是涵育语文素养的最好学习方式。

如此，著名语文教育家于漪老师所期待的"审美的语文课堂才、思、情、趣和谐统一，学生置身于春风化雨中，怡情养性，存善求真，享受成长的快乐"就一定能实现。

一、核心素养培育呼唤审美体验

新课标指出，学科核心素养是学科育人价值的集中体现，是学生通过学科学习而逐步形成的正确价值观念、必备品格和关键能力。语文学科核心素养是学生在积极的语言实践活动中积累和构建起来的，并在真实的语言运用情境中表现出来的语言能力及其品质；是学生在语文学习中获得的语言知识与语言能力，思维方法与思维品质，情感、态度与价值观的综合体现。[①] 这里强调的"在积极的语言实践活动中积累和构建""在真实的语言运用情境中表现"都离不开积极的审美体验。

1. 关于审美和审美体验

语文学习是一种审美活动。文学艺术的鉴赏和创作是重要的审美活动，而文学作品恰恰又是语文的重要内容。作为一种美学范畴，"审美体验"被学

---

① 中华人民共和国教育部. 普通高中语文课程标准（2017 年版）[M]. 北京：人民教育出版社，2018：4.

术界视为美学中的核心问题。"审美体验是贯穿于创作、欣赏、消费及传播之始终的精神活动"①。审美课堂建设在很大程度上意味着给学生创设审美体验的环境和机会。审美体验"从文学欣赏的角度看而言，是指审美主体在审美活动中所达到的审美愉悦，或称'高峰体验'，它对审美主体的整个身心产生强烈震荡，进而潜移默化地提升人的精神境界和审美能力"②。这与语文教学的追求有异曲同工之妙。

2. 核心素养培育要紧扣语文学科的美学特质

语文学科的美学特质包括语言文字的科学性、形象性，教材文本的情感性、创造性，审美追求的高尚性和文化精神的濡染性。

（1）关于语言文字的科学性、形象性。无论是诗歌、散文、戏剧还是小说，都是由语言文字组成的。语言文字的组合有它特定的逻辑与规则，这是所谓的科学性；文学作品以形象来表达思想、抒发情感，这是所谓的形象性。培育语文核心素养，就是以审美的视角，体验语言文字的产生、建构和使用中的文字、文学、文化现象。

（2）关于教材文本的情感性、创造性。席勒认为，美育即情感教育。文学作品作为一种"召唤结构"，其思想主旨有赖于读者投入情感去体验、去发现、去完善。这就是文学作品的情感性与创造性。与此同时，读者也可以在文学作品的阅读、思考中升华自己的思想认识、精神境界，实现思维水平的发展、突破与成长。

（3）关于审美追求的高尚性。语文教育是知识教育，更是成人成才的价值教育、素养教育。审美是重要的语文活动。学生在语文学习中通过审美体验、评价等形成正确的审美意识、健康向上的审美情趣与鉴赏品位，并拥有高尚的审美追求和道德标准。这是审美体验的目的，也是核心素养培育的目的。

（4）关于文化精神的濡染性。濡染是具有美学意义的学习方法。语言、

---

① 万书元. 论审美体验［J］. 江苏社会科学，2006（4）：15－19.
② 叶继奋. 文学课堂审美论［M］. 杭州：浙江大学出版社，2016：45.

情感、文化等语文和语文所承载的内核，它们的魅力就像滴在宣纸上的墨痕，渐次晕染以至入木三分。这是精神文化的风骨，也是文化传承的过程。主动出击、价值导向是一种态度，潜移默化、润物无声是一种境界。

3. 核心素养培育要将生活体验转化为审美体验

阅读文学作品，常常需要读者调动自己的生活体验去填补空白、建构理解。但我们也知道，文学作品源于生活、高于生活，"文以载道"是自古以来文人创作的自我要求，所以，有时我们还需要将生活体验转化为审美体验，才能更好地读懂文本，理解作者。

很多人都有这样一种生活经验，在电影院里被感动得落泪，一旦走出电影院，沐浴在阳光下，就再怎么也找不到那样的感觉。其原因就在于电影院创造了一个让我们暂时脱离生活现实、社会现实的环境，我们就是以一种审美的态度在看别人的故事，高尚的、正义的、道德的情感驱动我们在别人的故事里感受到了高尚、正义、道德，我们的精神和灵魂在那一瞬间都得到了升华，我们被别人感动也被自己感动。如果我们不将生活体验转化成审美体验，电影院里的我们依然和一地鸡毛斤斤计较，和道德沦丧愤世嫉俗，我们看到的只能是生活的简单复制，感受到的只能是戾气的沉积。

学习也是一样的道理。教学中创设的情境一定是转化了的情境，否则，上课就成了某些听证会的现场，无秩序、无美感，关紧了格局的大门、充斥着利益的纠葛。而好的文学作品是要启发人向善向真向美的。这也是其价值所在。培育核心素养就是要让人优雅地站立、高贵地生活。

二、审美体验与核心素养融合的教学路径

审美体验与核心素养培育是互促互进、融为一体、不可分离的。在教学路径的设计上，教师要注意以下几点。

1. 用好"双元"组合教材

高中语文统编版教材以人文主题和学习任务群"双元"组合。人文主题侧重立德树人，学习任务群侧重核心素养培育。教学中，将两者融合能实现审美体验与核心素养的融合。

以必修下册第六单元为例。本单元的人文主题是"观察与批判",所属学习任务群是"文学阅读与写作"。在设计教学的时候,我们以《祝福》的精读,带动鲁迅女性题材小说《离婚》《伤逝》的联读,分析人物的精神困境及原因,比较三维女性的异同,探讨特定时代对女性悲剧命运的影响,理解"小说是时代的隐喻"这个主题(大概念)。基于此,设计三个学习任务:一是以情节和人物为维度,梳理祥林嫂的人生遭遇和精神困境;二是以寻找凶手为方法,探究祥林嫂陷入精神困境的原因;三是联类阅读,关注特殊时代下女性精神的群像。梳理的过程是审美体验的过程,探究的过程是思维素养形成的过程,联读的过程是审美体验和核心素养共同提升的过程。

2. 聚焦语言文字基础

语言文字既是语文的载体,也是语文承载的思想、情感、精神、价值的载体。聚焦语言文字的阅读、鉴赏、品析,在此基础上对文章、文学、文化现象进行分析、鉴赏,才是语文的正道,也才是审美体验的关键。品析语言的过程就是审美体验的过程。语文学习也一定是建立在语言文字品读基础之上的。

以必修下册第二单元为例。这是戏剧单元,人文主题是"良知与悲悯",属于"文学阅读与写作"学习任务群。戏剧单元的学习可以借助舞台表演的方式,但高中戏剧学习的重点显然不在表演而在台词上。赏析台词是典型的审美体验之一,在戏剧设置的特定环境里,台词可能就有了不同的意味。比如周朴园见到鲁侍萍的时候并没有认出她来,就在周朴园对鲁侍萍的行为举止有所关注、感到奇怪的时候,鲁侍萍说了一句:哦。——老爷没有事了?在周朴园要她帮忙拿衬衣的时候,鲁侍萍又说:老爷那种纺绸衬衣不是一共有五件?您要哪一件?这种差点直说自己是梅侍萍的、带有强烈身份自曝倾向的台词,饱含了鲁侍萍三十年后见到当初爱人时浓郁而复杂的情绪情感:一丝被温暖,希望被认出!只有这样的鲁侍萍才是生活中的活生生的女人,才符合人性!这一番的认知,是语言品读,是审美阅读体验,更是现实生活体验。

3. 注重口头书面表达

表达是素养的外化。朗读、演说、论辩是语文课堂上常见的口头表达形式，也是生活中常用的表达形式。朗读文学作品，可以传达自己的体验和感受；演说是根据具体目的，陈述不同的体验，以得出某个需要关注的结论；论辩则是说服别人接受自己的体验和观点。这里至少涉及了语言的建构与运用、思维发展与提升、审美鉴赏与创造等三种核心素养（根据具体内容，也可能涉及文化传承与理解）。书面表达是更正式、更完整、更耗时的表达。审美体验和素养基础在表达过程中一览无余。在课堂教学过程中，教师尝试将课内的口头表达和课外的书面表达结合，将有利于学生核心素养的全面落地。

以必修下册第一单元为例。这是一个文言单元，人文主题是"文明之光"，所属学习任务群是"思辨性阅读与表达"。我们设计精读《烛之武退秦师》，联读《宫之奇谏假道》，剖析士子智慧与功业之间的因果关联，思考士子的前途命运谁来做主的问题。课堂上结合文本，分别剖析烛之武、宫之奇的智慧与功业。课后组织一次辩论赛，探讨英雄与时势的关系。正方：时势造英雄。反方：英雄造时势。不参加辩论的同学，书面完成各自支持方的总结陈词。这样课内课外联动，口头书面联动，尊重学生体验，发展学生思维，也能提升学生的语文学科素养。

三、审美体验让语文学习成为寻美之旅

文本是作者思想情感的载体，从语言形式到内容逻辑到思想情感，蕴含着丰富的美学因素。从这个角度看，文本学习的过程就是审美的过程；体验文本之美就是语文教学的应有之义。对不同体裁的作品，我们可以采取不同的体验方式来完成审美阅读。

这里以必修上册第七单元（散文单元）为例加以说明。

1. 具身性体验，以美启美

具身性体验是指通过身体、动作获得感觉信息，强调主体的亲历性，没有身体的参与很难产生体验。朗读、批注、角色扮演、感悟分享等活动，都可以产生以美启美的作用。

我们设计的学习任务是：学生联读五篇写景散文，重点赏读每个文本的写景段落，感知大自然之景，各美其美，比较发现美的不同风格。具体流程为：旁批入境，初识其美；听读美文，品味其美；置身情境，再现其美；比较鉴赏，美美与共。

表 2　写景散文联读比较表

篇目	描写对象	氛围意境	景物之美（风格）
《故都的秋》	破屋、牵牛花、花蕊、秋蝉声、秋雨、秋果	清、净、悲凉	物哀之美
《荷塘月色》	荷塘、月色	宁静、淡雅、自在	朦胧之美
《我与地坛》	地坛、草木、各类小生命	喧嚣不已，生生不息	深沉之美
《赤壁赋》	江、水、月	清幽、深远	空灵之美
《登泰山记》	雪、日、峰	瑰丽、雄浑	壮阔之美

2. 想象性体验，以美启真

有论者指出，"语文教育中的审美体验，是指学生在教师的激发、引领下对文本所呈现的包括文学艺术在内的各类美好形象的感受、品味、领会、体悟。这种体验可以面对整体和全部，也可以针对部分和片段"[①]。这就需要我们从审美的角度，透过表象、意象，展开联想、想象，感受到描写的真实和情感的真实。

有这样一个过程设计：赏析《登泰山记》二、三自然段，试着将"泰山夕照图""雪后日出图"改写成现代散文。

表 3　《登泰山记》写景文字、段落整理表

《登泰山记》	泰山夕照	雪后日出
集中写景的文字或段落	及既上，苍山负雪，明烛天南。望晚日照城郭，汶水、徂徕如画，而半山居雾若带然。	亭东自足下皆云漫。稍见云中白若樗蒱数十立者，山也。极天云一线异色，须臾成五采。日上，正赤如丹，下有红光动摇承之，或曰，此东海也。回视日观以西峰，或得日或否，绛皓驳色，而皆若偻。

---

① 严华银. 论语文教学中审美能力的培养 [J]. 中学语文教学，2020（10）：15 - 19.

《登泰山记》	泰山夕照	雪后日出
现代散文描写	（登上山顶，极目远望）群山背负着白雪，苍茫圣洁；虬枝上挂满了银条，粉妆玉砌。山的连绵增添了雪的气势，雪的洁白增添了山的明净。雪光折射到南面的天空，给暮色增添了明亮；晚霞映照着群峰，给白雪覆上了一层淡红的轻纱。红妆素裹，分外妖娆。半山的云雾丝丝缕缕，缠绕山间，像粉妆女子轻歌曼舞。山水雪雾相融合，日光城郭相交织，形成一幅壮丽优美的山水画。	冬日清晨，天色刚泛出鱼肚白。一行人便搀扶着登上日观峰，脚下云雾漫漫，耳畔松涛阵阵，坐在日观亭上，有腾云驾雾之感。远方的山峦在雾气中隐现，似海市蜃楼，近处的山峰在云涛中出没，似博戏争赌。注目东方，海天之间浮出一条彩线，顷刻间，彩线扩大了它的范围，变为绚丽的彩带，彩带慢慢扩大为红色的海洋，红光汹涌着，摇荡着。太阳像是负着什么重担似的，慢慢地从海中升起。一刹那间，这深红的东西，便发出令人目眩的光亮，云彩被染红了，雪峰被染红了，日观峰上的游人也沐浴在红色的朝阳中。

3. 移情性体验，以美启智

"移情"是人在观察外界时，设身处地地把原来没有生命的东西看得有生命，和事物发生同情和共鸣。[①] 移情以人为中心，主体经由移情而使对象人格化，实现一种对自我生命存在的肯定。

看一个设计片段——下面语段中的景物是如何揭示哲思的发生过程的呢？

蜂儿如一朵小雾稳稳地停在半空；蚂蚁摇头晃脑捋着触须，猛然间想透了什么，转身疾行而去；瓢虫爬得不耐烦了，累了，祈祷一回便支开翅膀，忽悠一下升空了；树干上留着一只蝉蜕，寂寞如一间空屋；露水在草叶上滚动，聚集，压弯了草叶，轰然坠地，摔开万道金光。

文段中的写景顺序不仅是作者观察的顺序，也是哲思生发的路径。蜂儿、蚂蚁、瓢虫、蝉蜕、露水，从茫然的状态到审视自我的烦恼状态，再到寂寞的思考状态，直到把蝉蜕留在树上，挣脱了束缚，化为新生命，反映了生命的生死轮回。史铁生意识到每一个生命都有自己的困惑，辛苦、挣扎、修行

---

　　① 李文晴.《一滴水经过丽江》的审美解读〔J〕. 开封文化艺术职业学院学报，2020（8）：209-210.

和顿悟，虫生不易人生亦然。这种思考的过程是"移情"，也是"师法自然"的救赎过程。^①

第四节　教学模型：美美与共的好课堂

有人说，能为美景凝神落泪，能知道这世界每个人都特别有意思，从而拥有对大千世界的温情与好奇，能拥有安身立命、强国安邦的一技之长，在内心深处怀抱着求真求善的渴望，这便是语文课堂的成功！审美化的语文教学追求的正是这样的成功。同时，我们也认识到，作为一种教学主张，它需要一大批具有共同特征的课堂来印证和支撑，也需要从课例中提炼出一个模型用以学习和推广。

一、教学模型"唤醒—沉潜—迁移"的阐释

实践表明，"唤醒—沉潜—迁移"的基本范式能体现审美课堂的初衷（课堂起兴，浪漫化，激发兴趣）、展示审美课堂的学习方式（课堂深入，现实化，涵泳玩味）、达成预期的学习效果（课堂高潮，理想化，综合创造）。

结合语文核心素养的要求，以一个图例加以说明。

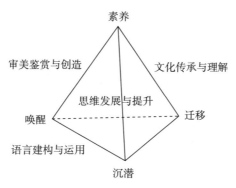

图1　语文审美课堂模式图

---

① 潘大伟. 文化视域中的"自然"：文化哲思，救赎之道［J］. 语文教学通讯，2021（25）：79-80.

底面三个顶点是课堂流程，立面顶点指向素养；底面围合起"语言建构与运用"素养，意味着，语言实践活动课堂最基本的抓手，同时语言建构与运用素养能够支撑起其他三个核心素养；三个侧面分别对应"思维发展与提升""审美鉴赏与创造""文化传承与理解"三个素养。下面结合案例，对三个教学环节进行说明。

唤醒就是触发学生记忆，激发学生需求，使得学生有身临其境之感。这是课堂起兴阶段，常常以浪漫化的方式激发学生的学习兴趣。必修上册第一单元第一篇是《沁园春·长沙》，这个单元的人文主题是"青春激扬"，如何唤醒学生对青春话题的思考呢？有老师设计了这样的情境：班级准备编一本青春诗集，小李同学在读完《沁园春·长沙》后，非常喜欢，想把它作为诗集的第一篇。但之前负责编辑的同学已经选定了清代诗人袁枚的《苔》（白日不到处，青春恰自来。苔花如米小，亦学牡丹开）。如果你是小李，你会怎样说服其他同学把《沁园春·长沙》作为诗集的第一篇？这种论辩的情境很容易激发起学生的求知求胜的欲望，自然就比较容易引导学生深入思考这样几个问题：从哪几个方面说服？（思维提升：① 这是一首好词。② 这是一首反映青春样貌的词。③ 这首词能担当起第一篇。）各个方面如何支撑？（审美体验：文本细读，沉潜思考。）怎样和同学沟通？（语言运用：真实情境，学会交流。）审美化教学倡导这样的唤醒。

沉潜就是抓住学习契机（语言文字等美点）让学生沉浸其中，深入涵泳，仔细玩味。这是课堂深入阶段，是文本内容的生活化，常常需要涵泳玩味以得其深情真意。在这个过程中，我们可以借助音乐、绘画、影视等艺术形式使学生产生美的联想，达到共情状态。必修下册第六单元是小说单元。一般读者最喜欢的是小说跌宕起伏的情节，而对情节背后的深刻道理和主题往往挖掘不到、很难触及。有老师设计了这样两个学习任务：一是关注祥林嫂、别里科夫、格里高尔的死，林冲的逃，成名的腾达，探讨作者这样安排的意图。二是思考小说标题的自洽性，并给出合理的解释。这两个任务开掘的"点"小（人物命运），学生容易上手也有探究热情；探究的"理"深（折射的生活，反映的主旨），能将阅读和思考引向深入：阅读小说，不仅要关注故事情节和人物命运，还要善于发现造成人物命运的社会根源，解决小说主旨不被发现、不被注重的问题。

迁移就是教师帮助学生从"一个"看到"一片"，从"一点"看到"一面"，从个别的看到普遍的，让阅读成为学生精神成长的重要滋养。这是课堂的高潮阶段，是理想化的状态，它能引发学生的综合创造，甚至影响学生的生活态度。必修下册第八单元是文言文单元，人文主题是"责任与担当"，属于"思辨性阅读与表达"学习任务群。在课堂的尾声，教师出示了这样的场景任务："家人租赁"最近上了热搜。男朋友、女朋友、父母、亲戚，缺谁租谁。单亲妈妈租个老公去私立学校面试，初中生租个爸爸参加家长会，没有对象的租个对象回家过年，没空上坟的租个长辈叔叔来替代，更有甚者，"婚礼上的亲戚，都是租来的"。某电视台围绕这一现象组织了一个访谈节目"租赁亲情"，请你到场发言，你将怎样说？这个任务就是将学生课内学到的论辩思路和方法加以联系与运用，能用所学本领解决遇到的问题，这正是学习的意义和价值。当然，这样的"迁移"我们还是建议立足课本教材，免得让人觉得教材无用或者寡用。

二、以《故都的秋》教学设计为例

《故都的秋》是写景抒情散文中的名篇。文章融故都的自然之景与作者的主观之情于一体，在细致入微的描摹中，将故都的秋意写得多姿多彩、浓郁而悲凉。

学生学习阅读写景抒情散文，要能够展开联想与想象，结合自己的生活阅历，从作品所描述的文字中，感受作者笔下秋晨小院图、秋槐落蕊图、秋蝉残鸣图、秋雨话凉图、秋日盛果图等的特点，感受作者在对秋意的描摹议论中蕴藏的丰富情感，进而体悟郁达夫笔下的秋的别样意味，从而提升审美能力，发展审美品质，陶冶审美情趣。

本课设计"寻味别样秋意"的情景任务，按照"披文—得'意'—及物"的思路，先将原文加以缩写，明确学习"比较""体味"的学习任务，再设置"名家名篇朗读选文"和"名家名篇作品推介"两个学习活动。内容的保留与舍去，相当于"留白"和"填充"的过程，引导学生"从语言、构思、形象、意蕴、情感等多个角度欣赏作品，获得审美体验"，探索散文鉴赏、写作的一般规律，掌握鉴赏、创作的基本方法。根据自己对文本的理解，有选择地朗读文本，说明选择原因，分享自己的阅读感受和体会，是对作家作品的再认识，对自我理解的高层次呈现；从学习的角度看，这个过程实质上也是一个检测、反馈的过程。对作者郁达夫的介绍和文中语句的选择推介将帮助学生理解作者思想、文章主旨，深化阅读实践，走向审美境界。整个活动设计指向学生鉴赏能力和思维品质的提升。

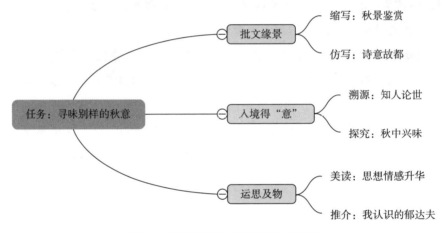

图 2　《故都的秋》学习活动设计图

学习活动设计

（一）唤醒：披文缘景

1. 请将《故都的秋》缩写成一篇 500 字左右的短文。思考：缩写后的短文该保留文本中的哪些内容？认真研读，从写景抒情、表现手法、语言特色等方面体味课文的个性特点和韵味。

下面是教师缩写而成的文章，约为课文的三分之一，在学生交流结束后出示，以形成完整的印象。只要言之有理即可，不必硬性达成。

北国的秋，特别地来得清，来得静，来得悲凉。

在皇城人海之中，租一间房住着，早晨起来，泡一碗茶，坐在院中，就能看到蓝色的天，飞过的鸽子。你还能看到透过槐树射下来的日光，注意到墙壁腰上的牵牛花。如果你观察仔细，你还会注意到牵牛花下长着秋草。

北国的槐树，是一种能使人联想起秋来的点缀。像花而又不是花的那一种落蕊，早晨起来，会铺得满地。脚踏上去，声音也没有，气味也没有，只能感出一点点极微细极柔软的触觉。

秋蝉的衰弱的残声，更是北国的特产，因为北平处处全长着树，屋子又低，所以无论在什么地方，都听得见它们的啼唱。

北方的秋雨，似乎比南方的下得奇，下得有味，下得更像样。在灰沉沉的天底下，忽而来一阵凉风，便息列索落地下起雨来了。一层雨过，云渐渐地卷向了西去，天又晴了。

北方的果树，到秋天，也是一种奇景。像橄榄又像鸽蛋似的这枣子颗儿，在小椭圆形的细叶中间，显出淡绿微黄的颜色的时候，正是秋的全盛时期。枣子、柿子、葡萄，成熟到八九分的七八月之交，是北国的清秋的佳日，是一年之中最好也没有的黄金般的日子。

秋天，这北国的秋天，若留得住的话，真愿把寿命的三分之二折去，换得一个三分之一的零头。

2. "一粒沙里见世界，半瓣花上说人情"，郁达夫先生眼中的"秋"鲜活在"故都"的民宅内外，鲜活在胡同两旁，鲜活在槐树前后，鲜活在秋姿秋态、秋声秋色之中。请尝试仿照马致远《天净沙·秋思》，改写《故都的秋》，题目可为《天净沙·故都的秋》。

设计说明：

活动1以缩写为抓手，借助比较这一学习活动，首先，引导学生认真阅读文本，从文中筛选、提取、整合相关信息，进而把握文本的主体内容，初步感知作者围绕故都的秋，是怎样从不同的角度描摹叙写，又是怎样运用恰当的手法描摹叙写的；其次，通过对相关信息的连贯、衔接、整合，在阅读与表达的实践中，让学生的语言表达能力得到一定的提升；也试图从习惯培养的角度引导学生养成良好的阅读习惯，不要轻易将文章精彩的部分"滑"过去！活动2的设计是在尊重学生阅读经验和鉴赏成果基础上的"语言建构与运用"的实践，关注的是学生对文本内容的理解和语言表达的水平。

（二）沉潜：入境得"意"

1. 请结合郁达夫先生的生平资料，探究议论段（第十二段）的作用。

2. "典型的北京人是知味者，如北京人那样对待味，则是文化，出于教养。人人都在生活；不但生活着，而且在咀嚼生活、品味这生活的，或是更有自觉意识的人。"（赵国《北京：城与人》）因此，有人说，故都的秋应该是郁氏之秋、文化之秋、生命之秋。请谈谈你的理解。

设计说明：

这一环节以文章中的议论语段探究为切入口，深入文本内核，意图引导学生明白任何成功的景物描写之中都藏着一个人（作者）。就故都的秋而言，正因为有"秋士"郁达夫的存在，才有了"味"的感知、"情"的流淌和"境"的参差。也唯其如此，这样的写作才是中国文人的写作。

（三）迁移：运思及物

1. 学校举行名家名作朗诵会，要求每个作品朗诵不超过5分钟。就本文来说，你会选择哪些语段朗诵？请在全班朗诵后说明选择理由。

2. 朗诵会后，学校语文组拟将朗诵会上所有的朗诵作品结集成册，供学生平时阅读。在编写体例上考虑在每个收录作品前加上一句话的作者介绍和一个文中的原句作为推介。请分别写出介绍郁达夫、推介《故都的秋》的一句话并说明理由。

设计说明：

这一环节是学习要求的升华与拓展。"名家名作朗诵会"活动的设置有两个想法：一是理解作者情感、文章主旨之后，选择语段用自己的理解将文章朗读出来，是"美读"，也是前面教学效果的现场反馈；二是为下一阶段的推介活动做内容上的准备。要能够完成作者的一句话介绍，就要在知人论世上做足文章。这是基础也是拓展，学生呈现的最终介绍要能够契合本文中隐藏的那个郁达夫。如果说作者一句话介绍还仅仅是知识理解层面的要求的话，作品原文的选句推介就是鉴赏思维层面的要求了。学生有选任何句子的权利和自由，但在选择过程中，学生的鉴赏能力、思维水平都能够很直观地表现出来了。

读写测评

1. 怎样理解《故都的秋》结尾段"秋天，这北国的秋天，若留得住的话，我愿意把寿命的三分之二折去，换得一个三分之一的零头"中所体现的审美情趣？请结合生活和你对郁达夫的了解，谈谈你的看法，不少于 600 字。

2. 用自己的方式感受并呈现秋天的美（画秋天的美景、录秋天的声音、写秋天的诗词文章……）。

设计说明：

第 1 题，阅读、理解、整合、评价基础上的运用，让学习与生活发生联系，读写共生，学习和测评一体，提升语言、审美、文化、思维素养。第 2 题，关注阅读体验在生活中的投射，以积极高雅的情趣培养学生的健康的生活情趣。评价时，可采用写作评价方式，并考查学生对美的理解。

三、"美美与共"其他方面的要求

无论是从教学设计、教学过程还是教学评价，"美美与共"都是审美化教学的追求：师生与文本共情，文本才有生命力，师生才能长才干；方法与效果共振，课堂才有吸引力，学习才能见成效；学生与老师同频，教学才有针对性，学习才能高效率……之前我们都是从审美化教学设计或者说审美课堂建设本身讨论这个问题的，实际上，要达到"美美与共"的课堂境界，还需要关注课堂氛围的创建、课堂人际关系的处理、课堂上的教学评价等一系列的问题。这些在之后的两章里，我们将重点阐述。

在第二章中，我们提及了课堂教学范式，认为课堂范式能够解决高中语文审美课堂建构的可能性问题。需要特别强调的是，这只能是方向性、表征性的，不必亦步亦趋，反而会缩手缩脚，影响教学效果。

第六章　怎样推动审美视域下的师生互动

　　和谐的课堂人际关系是学生身心健康发展的前提条件，也是提升课堂教学质量的有效保证。"和谐"是说师生为打造审美化的教学而形成人格上的彼此尊重、互相平等，心理上的彼此相容、互相接纳，学习交流中的彼此真诚、友善民主，课堂氛围上的彼此欣赏、积极融洽。这是审美视域下理想的课堂氛围和人际关系。现实教学中，传统"师道尊严"的遗风容易导致师生关系紧张、疏远甚至淡漠；国外"自由平等"的散漫又会造成师生关系的失常、无序甚至错乱。倡导以美学精神统领高中语文课堂，就是期待每个人都"向真向善向美"，每个人都愿意帮助他人"向真向善向美"，每个人都愿意接受他人"向真向善向美"的帮助。

第一节　以中华美学精神统领高中语文课堂

　　课堂教学的基本要素有教师、学生、教学内容、教学媒体。以审美化教学为特色的审美课堂就是追求课堂基本要素之间的和谐并且要以它们的和谐促进教学效率的提升和教学效果的优化。在前面一章中，我们从方法、技术的层面探讨了教学内容层面如何做到审美化，在列举示例的过程中，稍微涉及一点教学方法、手段的审美化。从更宏观的层面来看，审美化教学或者说高中语文审美课堂需要以中华美学精神来统领。

一、什么是中华美学精神？

　　孕育于中华民族深厚文化土壤中的中华美学精神是中国精神、民族气质和价值追求在审美方面的集中体现。习近平总书记在文艺工作座谈会上的讲话指出："我们要结合新的时代条件传承和弘扬中华优秀传统文化，传承和弘扬中华美学精神。中华美学讲求托物言志、寓理于情，讲求言简意赅、凝练节制，讲求形神兼备、意境深远，强调知、情、意、行相统一。我们要坚守中华文化立场，传承中华文化基因，展现中华审美风范。"

1. 中华美学与西方美学的区别

有人认为，中国真正研究美学是从民国开始的[①]。想要准确理解中华美学精神的内涵，还要从考察中华美学与西方美学的区别入手。

一是两者产生的社会背景、宗教、文化等不同。西方美学产生于海洋与航海带来的对于自然的征服欲望和由此而产生的个体自由原则。所以，它关注科学、实证。中国美学则是在中国传统的陆地农耕文明基础上产生的。相比于西方文明，中国十分重视自然的恩赐，相信天人感应，而且十分重视宗族血缘关系，主张"天人合一"。所以，它强调和谐、神似。

二是两者价值选择不同。西方美学对于价值追求的方式，可以概括为"超验的追问"，即"一种外在的、二元的、抽象的、实体的、目的的、对象性的追问"[②]，探求的是先天存在的实体，一个终极价值的本源。中国美学更加重视美的功能，突出美的人生向度和德育向度，是天人合一基础上的诗意追求。

三是两者关注侧重点不同。西方美学关注美的本质问题，认为美是独立于人的一个客体。比如"美是理念""美是理念的感性显现"等等。中华美学关注美之于人的意义，认为美不是游离于人的独立存在，是与人、与人的现实生存、与人生存于其间的天地万物的动态关联。比如"天地有大美而不言""美不自美，因人而彰"等等。

2. 中华美学精神的核心价值取向

在天人合一、主客一体的中华传统思维模式的影响下，中华民族形成了

---

① 黄赛赛，刘强，高祝秋. 浅析中西方美学 [J]. 今日湖北，2011 (1)：94.
② 潘知常. 中国美学精神 [M]. 南京：江苏人民出版社，2017：16-17.

以天人和谐、尽善尽美、诗性人生为核心价值取向的美学精神。①

天人和谐。"天"是自然，是客观；"人"是人自身，是主观；"和"是中和，是和谐。中国传统文化特别重视人与自然的和谐统一。《管子》有言"人与天调，然后天地之美生"，《老子》亦云"人法地，地法天，天法道，道法自然"，这都是说人与自然和谐的可能与价值。文学作品、书画创作，特别能体现中国传统的美学追求。"仰观宇宙之大，俯察品类之盛"，人被自然吸引；"行到水穷处，坐看云起时"，自然给人以启迪；"山川与予神遇而迹化也"，人与自然和谐统一可成美好的画作。

尽善尽美。儒家文化在中华传统文化中占据主导地位。中华民族有着优秀的礼乐传统和诗教文化，古人用文学艺术来展现人的情感、规范人的情欲，以实现社会人伦之"和"。《荀子》中说"欲虽不可去，求可节也"，要求人们满足情感需求，又将情感规范在"礼"的范围之内。《礼记》中云"温柔敦厚，诗教也"，是说《诗经》的教化作用。中国美学主张用艺术的方式体验、抒发美情，实现人与人、人与社会的情感交流，完成核心价值的弘扬，达到尽善尽美。

诗性人生。诗性人生是一种独特的人生智慧和人生态度，在面对纷繁复杂的现实生活时，如何处理物与我、有与无、出世与入世等的关系，成为人生的核心问题。庄子、陶渊明、苏轼等人的生活实践给读书人提供了别具价值的人生道路。庄子主张以"无己"而不是"克己"的方式来观照世间万物，追求精神自由；"纵浪大化中，不喜亦不惧"，陶渊明通过诗歌、耕作的方式完成与现实的和解；"回首向来萧瑟处，归去，也无风雨也无晴"，在人生失意之时，苏轼以诗书画展现他的旷达和超脱。

3. 中华美学精神的实践旨趣

中华美学精神有着以人文意趣、美情意趣、诗性意趣等为内核的实践旨

---

① 高晓雨. 中华美学精神的核心价值取向及其美育意义［J］. 美与时代，2020（6）：4-8.

趣，追求真善美贯通，践行创美审美兼济，重视知情意行合一。①

人文意趣。中华美学以美化自身和自己与外界的关系为目标，告诉人们什么是美好，怎样做到美好。它关爱人，关怀生命，关注生活，关切生存，渗透在人生命的里里外外、生活的角角落落、生存的方方面面，充溢着温暖浓郁的人文情怀。

美情意趣。有研究者指出，"美情"之"美"不仅是形容词，也是动词。是不同于常情的美好情感，也是对一般情感的美化。儒家文化倡导在"独善其身"的同时"兼济天下"，中华美学也特别重视情的化育作用，注重美善相济的精神意趣。

诗性意趣。和西方美学不同，中华美学几乎不从纯思辨的角度探寻人生哲理，也不向彼岸世界寻求生命超脱。中华美学引导人们在真实具体的现实生活中，以高尚的精神品质、超脱的人生态度去追寻天人合一、物我交融、超拔高远的人生境界。在日常琐碎生活中以或朴实或蕴藉的言语呈现人生情怀和诗性意趣。

二、为什么是中华美学精神统领？

如果说高中语文课堂需要一种精神来统领的话，我们认为最合适的就是中华美学精神。这是因为，中华美学精神不仅符合课堂定位，还与语文学科特征相吻合。

1. 高中语文的课堂定位

众所周知，高中语文课关注的包括字、词、句、章、语、修、逻、文等学科知识，还包括生活情境中的恰当表达、思维方式的形成和完善、审美能力的培育和发展、优秀文化的传承和弘扬。学生通过上语文课可以学习语文知识，提高鉴赏能力，还能传承优秀文化。换言之，上语文课时学生要能感受语言的美、鉴赏文字因情而美、批判地对待文章传达的生活态度和思想情

---

① 金雅. 中华美学精神的实践旨趣及其当代意义 [J]. 社会科学辑刊，2018 (6)：59-64.

感、形成正确的人生观、价值观。这样的课堂定位就与中华美学精神中的人文意趣、美情意趣和诗性意趣高度融合了。

2. 为何不能是科学精神统领

科学精神是中华民族特别需要补充和完善的。中华文化中人文精神的印记要比科学精神深刻得多。中庸的文化传统、道德的社会要求让我们更关注是不是合情、合理，而较少关注是不是合准则、合规律。在工具性的语文中，科学能解决一些问题。但是语文学科的人文性告诉我们，语文不能仅用科学实证的方式来学习，否则文字便只能硬邦邦、冷冰冰地成为各种规则下的不同组合，不再具有情趣，不再充满温情，不再是失意之人的避难所，不再为世人提供高品质的生活样态。

3. 美学精神的课堂意涵

前面我们分析了中华美学精神的价值取向和实践旨趣，就高中语文课堂而言，求真崇善尚美是基本意涵。求真是尊重语文的基本规律和学习的基本规律，是一种科学精神的体现；崇善是理解语文的学科价值和生活价值，是一种人文精神的体现；尚美是探寻语文的思想意义和精神意蕴，是一种美学精神的体现。求真崇善尚美既是内向的，即对学习者自身的丰富和完善；也是外向的，即对周边人、事的规范和引领。求真崇善尚美既是内驱的，即学习者是带着先验进入课堂的；也是外推的，即学习者的先验需要调整、修正，学习者也可以用所学知识去影响周围的世界。

三、怎么运用中华美学精神统领？

高中的课堂特征和语文的学科属性决定了高中语文课应该以中华美学精神来统领。在高中语文课堂建设的范畴内，我们需要经由中华美学精神统领课堂的物理空间、课堂氛围、教学内容、教学方法等。

1. 物理空间的建设

课堂物理空间指的是教师对教室等上课场所物理上的布置和安排，侧重于视觉感受。美学精神强调"和谐"，物理空间的布置也应以和谐为主要追求。随着办学条件的改善和智慧校园的建设，课堂物理空间的干净、整洁，教学设备、设施的方便使用等已经不成问题。不少学校为了营造舒适的环境，还在教室里布置了绿植、安排了阅读角，给人赏心悦目之感。从空间功能的角度看，课堂物理空间建设应该有利于解放学生的头脑、解放学生的双手、解放学生的眼睛、解放学生的空间、解放学生的时间，从而解放学生的创造力。国外小班化、学科中心式的教室为我们提供了很多的经验和样板。我们不少新建的学校已经着手进行这方面的改进和优化。

需要指出的是，有学校为了让"每一面墙壁都会说话"，在教室里张贴了不少宣传、励志的标语，这本就无可厚非。但问题是标语的内容有时让人心生压力。比如，"只要学不死，就往死里学""多考一分干掉千人""不苦不累，高三无味；不拼不搏，高三白活""天王盖地虎，都是985；宝塔镇河妖，全上211"等等，过度强调发奋、非理性宣扬竞争、寄希望于虚妄，将原本舒适的空间营造得压抑无比，甚至给学生传达错误的价值观念。这就与"尚美"相去甚远了。

2. 课堂氛围的创设

课堂氛围可以看作课堂的心理空间，指的是教师在课堂上倡导的学习方式给师生带来的心理感受。美学精神下的课堂心理环境是恬静与活跃、热情与深沉、宽松与严谨的有机统一，它有利于各种学习活动的顺利开展。

课堂氛围创设离不开班级文化建设和师生对待课堂、对待学习的态度。这里的班级文化建设是班级的文化特征。一线教师都有这样的体会：有些班级课堂气氛活跃，老师推进课堂也相对轻松；有些班级课堂气氛沉闷，老师推进课堂则相对艰难。班主任或语文老师要鼓励学生积极参与课堂，主动和老师互动，营造和谐、宽松的课堂氛围；老师在设计教学的时候也要考虑活动的适切性、问题的难易度，让学生有参与的可能性。这样的"双向奔赴"才有利于积极的课堂氛围创设。

师生对待课堂、对待学习的态度也是课堂氛围创设的重要影响因素。老师乐教善教、学生好学勤学，课堂上一定能呈现和谐共进、你追我赶的积极氛围。反之，老师抱怨懈怠、学生消极懒惰，课堂上就会呈现沉闷压抑、散漫失序的氛围。从这个意义上看，课堂氛围是班风、学风的体现。只有以解放人、完善人的审美态度来对待，才能达到我们期待的"教学相长"的良好氛围。

3. 教学内容的审美开掘

语文先天存在审美特质。无论是字的构造还是词的意蕴，无论是语段的文辞还是篇章的思想，无论是文本的精神内涵还是教材的育人指向，语文和语文课本天生就有着育美育人的因素。用中华美学精神来统领课堂，就是要对教学内容进一步进行审美挖掘。以寻美、赏美、立美、创美为进阶，从欣赏到模仿，由模仿而创造，打牢语文基础，扎实语文能力，提升语文素养。至于如何对教材进行审美开掘，前面已有专门章节进行阐述，这里不再赘述。

4. 教学方法的审美实施

用中华美学精神统领高中语文课堂，关键还在于教学方法的审美化落地。新课程背景下，审美化实施语文教学，就是以学生为中心，以审美视角重整教学内容，在具体恰切的学习情境中，开展语文学习活动。活动遵循以人为本的原则，在和谐积极的课堂氛围中，选择符合求真、崇善、尚美要求的活动形式，确保学习活动顺利开展，并以此推动语文审美化教学的进程。

这是一种理想的课堂状态。我们面临的现实情况是学习情境难以确定，学习活动不太贴合学生学习、生活的实际。在新课标新教材的背景下，我们总希望能找到一个生活情境或者社会情境，让它以大概念的样态出现，概括某一单元的教学内容，整合高中语文教学。然而，事与愿违，这样的情境不太容易找到，教师在上课的时候往往也难以用生动鲜活的形象来说明。另外，老师们期待的学习方法、创设的学习活动，有时在课堂上难以顺利落地或者难以持续推进。这一方面是受情境的限制，另一方面在于老师们提出的学习任务本身可能就不符合新课标的要求，或者不符合学生的学情需求，不能激发学生的学习兴趣和学习热情，导致课堂难推进、学习无趣难消化。

当然，构建审美课堂，还有一个非常重要的因素需要考虑和协调，那就是师生关系。这部分内容我们将在下一节专门介绍阐释。

第二节　课堂人际关系与审美课堂建设

在高中语文审美课堂建设中，课堂人际关系是影响课堂样态和课堂质量的重要因素之一，也是实现立德树人根本任务的重要保障。新课标背景下，根据语文学科自身的特点，语文审美课堂更强调学生学习的主体性和教学过程的交互性。无论是学生主体还是师生交互，都关涉课堂人际关系。

一、课堂人际关系的含义

课堂人际关系一直得到教育领域的广泛重视，国内外不少研究者曾从社会学、心理学、管理学等多种学科的不同视角考察过教育教学过程中的师生关系、学生同伴关系和教师同侪关系。

课堂人际关系是指师生和生生之间关系的性质、状态及他们之间的交往状况。师生之间和学生之间关系的性质直接影响他们之间的交往状况，而后者又反过来促进师生之间和学生之间平等、民主及合作关系的形成和发展。我们认为，师生之间不是主客体的关系，而是共同合作者和相互促进者之间的关系，教师是"平等的首席"，学生是学习的主体。

有研究者称新课程所倡导的师生关系为"新型师生关系"，是针对传统课程观下的师生关系而言的。他们用"民主""平等""和谐""合作"等关键词概括新型师生关系，并认为新型师生关系有如下特征：（1）彰显学生的主体性；（2）师生积极互动；（3）重视情感交流；（4）师生相互了解、信任、尊重；（5）在课堂情境中突出生生互动等。他们认为教师应从传统的知识传授者、教学支配者、静态知识占有者转变为学生学习的参与者、促进者、动态的研究者。[①]

---

① 朱伟强，黄山，盛慧晓. 教学中的人际关系与师生课堂互动、学习结果的相关性研究 [J]. 全球教育展望，2017（12）：24 - 34.

二、当下高中语文课堂人际关系存在的问题

当今世界是一个价值多元、文化多元的世界。师生成长环境、读书经历、身份认知和教育理解的差异，造成师生在价值取向、价值标准、价值观念等方面存在差异，从而影响了课堂上的正常人际关系。

1. 师生关系不平等

受"师道尊严"等传统教育观的影响，一些老师为了将自己的架子"端"起来，常常以"圣人先知"的身份出现在课堂上，依照自己的惯有价值观念与思维方式颐指气使，用单向专制的教学代替双向民主的课堂。师生关系表现为权威与非权威、施与受、指导与被指导、控制与被控制的关系，缺乏双向的、平等的合作沟通。这种不平等、不和谐的师生关系，部分剥夺了学生的课堂权利，严重剥夺了学生的自主性，影响教学效果。

在新课标的理念下，一些老师表面上给了学生更多张扬自我的机会，但实际上并未真正尊重学生的自主和创造能力，让学生表达完之后，仍旧回到自己预设的思路或者表达上去，还美其名曰"考试会这么考"，把自己完全当成知识的化身、道德的权威。看上去教师并没有完全霸占课堂，实质上依然"一言堂"，霸占了学生的思想认识甚至精神成长的空间，造成实施上的关系不平等。

2. 学生主体性缺失

尽管在理念上，大家都认识到学生是课堂的主体，但在操作上，还常常有教师控制整个课堂教学活动的现象——教师照本宣科，整堂课一讲到底，或者照"屏"宣科，整堂课一放到底。学生被动跟着教师的预设走，缺乏主动学习的机会和审美创造的可能。有的老师狭义理解学生参与，用低思维含量或相对简单的低效、无效问题组织讨论，推进课堂，表面上师生之间、生生之间有了互动，实质是学生形式参与、被动参与、部分参与，或者根本就是虚假参与。这种表面繁荣的课堂使学生沦为教师课堂"表演""展示"的道具，成为被塑造、被加工的对象。

3. 师生、生生交流不足

教师是课堂教学活动的组织者和引导者，学生则是参与者和实践者。只

有师生和谐互动，才能改善教与学的效果。但由于应试需求、教学惯性和新冠病毒感染疫情等的综合影响，教师对互动既不重视也不改变。于是课堂上就出现了师生分道扬镳、各自为政的现象。教师不尊重学生的体验、不关心学生的成长；学生不热爱教师，不配合教师的教学流程。教师和学生不处于同一频道，没有情感的沟通，缺少思想上的交流，成为最熟悉的"陌生人"！

就目前语文课堂来看，班级容量较大、时不时上网课的现实也会分散教师的精力，影响教师与学生的相互交流。课堂上，即使是讨论环节，学生也不专注或者不愿意倾听别人发言，更不能在别人发言之后，及时做出评价和完善。学生之间也处于一种孤立和隔绝的状态，这不利于教学任务的达成。

三、审美课堂对课堂人际关系的要求

审美课堂在人际关系上最基本的要求是民主、平等、和谐、合作，这也是高中语文课堂改革的必然要求。为此，我们需要从提升课堂的向心力、亲和力和生命力三个层面入手，全面改善课堂人际关系。

1. 更新教学观念，形成课堂的向心力

科学合理的教学观念是构建和谐人际关系，形成课堂向心力的前提。

一是改变守旧的学生观。教师应该用发展的眼光看待学生，把学生看作发展中的人，发现他们的潜力。学生和老师虽然"闻道有先后"，但他们在人格上是平等的。教师要相信学生是"成长中的人"，搭建和学生自由对话的平台，用交流代替讲授，坚决捍卫学生的课堂权益，让"标准答案"的思维远离高中语文课堂，使个性化、多样化成为课堂新时尚，真正做到师生共同进步。

二是改变过时的学习观。学习不仅仅是知识的接收，还是发现、消化和输出，是学生构建知识结构的方法、过程。学习不仅是一种信息传递和加工的过程，更是一种意义建构的过程，是学生根据自身已有知识和经验对外部现象进行重构与解读的过程。学生应当努力提升自己建构这种知识和解读这种变化的能力。

三是改变传统的教学观。课堂教学并不只是传授知识，更在于建构学生

的认知世界。教师需要转变教学观念，从纯粹的知识传授者转向人生发展的引领者、学业进步的指导者、心理健康的辅导者和学术活动的组织者。把知识的传授置于具体的生活、社会情境中，使学生在掌握知识的同时，发展智力、完善人格、成就价值。

2. 改善沟通效果，增强课堂的亲和力

积极有效的沟通是构建和谐课堂人际，增强课堂亲和力的源泉。

一是增加沟通渠道。在课堂教学中，沟通是师生之间互换信息、交流感情的渠道。教师要及时掌握学生的学习状况，学生要及时反馈自己的课堂状态，这些都离不开沟通。但课堂沟通又受限于班级授课的组织形式，学生不可能掌握沟通的主动权，这就要求教师设计更多的能让学生参与的活动，创设沟通的平台和机会，鼓励学生主动投入课堂，增强师生的情感和信任。

二是改善沟通技巧。如果沟通是一种必需，那么每个教师都要主动掌握沟通的技巧。这个技巧包括语言表达的技巧、沟通方式的选择。因为课堂是一个特殊的时空存在，沟通技巧还应该包括体态语言的运用。讲究沟通技巧的教师往往更能关注学生的学业需求和情感需求，受到学生的欢迎。

三是拓展沟通内容。合理的沟通内容是师生进行情感交流和思想交流的重要条件，也是形成思想共识、凝练通畅感情的重要基础。一般而言，建议教师基于学习内容展开师生沟通，但这不意味着只能囿于教学内容。从课堂教学的实际来分析，沟通的内容可以包罗万象，大到社会时事，小到家庭琐碎，只要有利于课堂推进，就可以囊括到课堂教学中来。

3. 教师转变角色，提升课堂的生命力

合理的角色定位是构建和谐人际的必然要求，也是形成课堂生命力的关键。

一是从课堂教学的专制者变为学习活动的组织者。审美课堂始终聚焦人的成长，并且认为其是活生生的、有情绪情感的、正在发展中的人，尊重他们的天性，引领他们的成长。这就要求教师走下讲台、走近学生、扶持主动成长、激励被动发展、拒绝躺平，组织学习活动将学生拉进书本、将学习拉进生活、将成长拉进课堂。

二是从课堂教学的主宰者变为学习任务的参与者。审美课堂始终关注成长过程，倡导看得见的成长。学生不是空着脑袋走进课堂的，他们的脑袋里有各种各样的想法需要教师去激活。设计学习任务是重要的方法。教师通过具体而微的学习任务点燃学生的探究热情，启迪他们的智慧、拓展他们的思维。教师在指导学生任务完成的过程中，真切感受到学生的成长。

三是从课堂教学的管理者变为学生成长的见证者。审美课堂始终关切成人成才，主张提升生命的价值空间。审美的最终结果是要学会观照自己的生命。教师要本着服务学生、服务学习的态度，并基于对生命价值的理解，创造性地开展教学活动，努力把语文世界变成他们真实的生活世界，让他们理解生活不易的同时学会成人成才。

四、构建新型的课堂人际关系的对策

苏霍姆林斯基说，教育首先是人学。新型民主、平等、和谐、合作的课堂人际关系的构建要厘清课堂上的各种关系。

前面我们主要谈了师生关系的调整和处理，通过下面图示①，我们还要看到一些经由文本连接的隐形的课堂人际关系，比如教师、学生分别与作者、编者的关系。这其中的关系处理也应抱着"尊重作者本意、理解编者意图、关注文本价值、实现教学相长"的态度，抓住"课堂引入""师生互动""师生共情"三个要素，围绕"情境""问题""感悟"三个载体，在和谐共进的氛围中达成预期的学习任务。

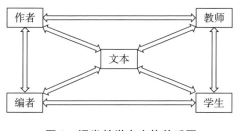

图 3　课堂教学主客体关系图

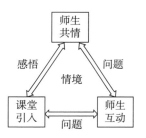

图 4　部分课堂要素关系图

---

① 张心科. 接受美学与中学文学教育 ［M］. 上海：华东师范大学出版社，2019：60.

第三节　高中语文审美课堂的评价

从某种意义上讲，课堂评价也是一种学习，它最具备教育促进作用，能提升学生的语文素养，锻炼教师的评价能力，致力于更精彩的教学。江苏省南菁高级中学、江阴市骨干语文教师在实践的基础上提炼出区域化的审美课堂评价标准，并制定了高中语文审美课堂教学评价表（见表4）。它聚焦学生的活动表现、教师教学经验的自觉和完善，助力教学活动的检视与修正，促进学习的发展和反思，对于优化高中语文教学具有导向意义。

表4　高中语文审美课堂教学评价表

评价维度	项目类型	评价要点
教师表现	学习资源价值美	明确单元地位，落实课时任务；整合学习材料，指向语文素养；设置真实情境，有效调适学情
	学习设计创意美	学习结构优化，体现教师创意；促进阅读写作，学习方式灵动
	推动学习过程美	沟通对话恰切，学习场域和谐；方式方法立体，体现综合运用
学生表现	主体参与认识美	自主投入学习，学会感受体验；沉浸浓郁文字，含英咀华语言
	深度探究发现美	主动互动合作，积极梳理探究；表现创造形象，表达美感创意；客观理性表达，欣赏分析阐释
	能力提升发展美	彰显思维发展，呈现学习成果；善于反思总结，能够迁移拓展
整体课堂表现	师生互动共生美	课堂氛围和谐，过程体验丰富；解决问题得法，语言活动充分

如何有效落实审美课堂教学评价的设计与运用呢？下面从三个方面加以阐述。

一、评价学习资源的重构功能，彰显审美价值

学习资源是指可被师生开发与利用的、确保教学活动顺利开展的各种支

持性素材与条件的总和。选择的学习资源，前提条件是目的明确、准确有效、重点突出，有利于教与学的活动的开展。也就是说，确定和重构的学习资源是有用的、合宜的，具有审美价值功能。从大的方面来说，审美课堂需要建构起教学素材的审美范畴和美感体系（见表5）。特别是文本资源，要体认其审美的特性、确立审美点。将经典的文本材料做归类分析，提炼关键的美感点，整合成美感体系。具体到单元学习上，要援引、整合和设计学习素材，对文本素材进行二次甄别、梳理，去伪存真，去粗存精，将它们辐辏单元的教学目标，准确发挥"学材"的价值作用。同样，课时任务的分配，落点必须清晰，要发掘和放大文本的教学价值功能，有效铺展教学。因此评估学习资源的功能，尤其要评估学习资源的重构水平，研判学习内容的特点与学习需要的协调性、吻合度，预判是否能开展有效的阅读与鉴赏、表达与交流、梳理与探究等学习活动。

表5　高中语文审美课堂教学素材审美范畴和美感体系

层面	审美范畴	美感典例
语文教学素材	生命美	先秦人原始激越的生命力量；曹操、陶渊明、王羲之等三国魏晋文人的生活方式；李白、杜甫等唐代诗人的生命姿态；现代人的生存状态、生命精神和命运色彩
	情感美	作者和读者的喜悦、赞颂、忧愁、豪迈、委屈、平和、伤感、愤怒、哀思、爱慕、悲愤、遗恨、渴望、迷惘、后悔、惋惜
	格调美	刚健与柔婉、秾丽与素朴、庄重与诙谐、含蓄与畅达（自然的雄浑；人文的气象；文人的雅俗；山水诗的峻洁；游记的澄明……）
	韵律美	诗歌的音律、押韵、平仄；散文的节奏、声音、虚词、气息；小说的叙事方式……
	色彩美	热情、欢乐的红色表现火热、生命、活力；冷静、宽广的蓝色表现未来、思维、科技；温暖、轻快的黄色表现光明、希望、轻快……
	反差美	情感反差、美丑对比、细节反差、正反对比、情调对比、命运对比、情节反差、形象反差、距离反差
	智性美	教诲、劝谏、演讲等说理；宏观、微观等理性发现、分析；对人生、社会等事物的批判、幽默、反思……

例如，统编教材必修下第二单元"良知与悲悯"由《窦娥冤》《雷雨》《哈姆莱特》三部剧作构成，展示了三位主人公窦娥、鲁侍萍、哈姆莱特的悲剧命运。综合来看，它们体现了生命悲剧美，引发读者的审悲快感。在阅读和鉴赏中要充分理解、体悟窦娥的善良和刚烈、鲁侍萍的真情和无奈、哈姆莱特在人文理想中的挣扎。在编排演出的过程中，学生扮演剧本的角色，更能体会人物内心的情感空间，感受情感张力的震撼。在观评戏剧时，学生将深度体验人物的遭际和苦闷心境。整个教学活动浸润在"人生有价值的东西毁灭着"，显示了教学的审美内涵。

二、评价凸显主体活动的过程，亲历审美进阶

课堂是一场学习的经历，体现了建构的过程。可以说，学习的经历和建构的水平衡量审美课堂尺度。审美课堂评价重在调动学生的学习动机，激活教材、作者和读者的多重对话，让他们亲历审美的过程，高质量完成学习体验，收获学习成果。审美课堂的评价强调立足于激活思维的历程、寻找对话和论证的机制。从某种程度上讲，评价就是要与设计同频共振，例如，统编教材必修上第七单元"自然情怀"的五篇抒情散文，可以这样设计和评价学生的主体活动：

学习《故都的秋》，自我朗读、咀嚼、涵泳"秋味"，感受字里行间故都之秋的氛围美；用批注法，选点交流作者遣词造句的巧处，发现作者对故都的眷恋之情，体验文人清冷的审美情趣；揣摩萧索、冷寂画面背后的艺术手法，分析舒缓的节奏、简洁的句式、典雅的语言；为文人"画像"，想象和勾勒郁达夫的人文气质。学习《荷塘月色》，录制自己的朗读音频，品味荷塘朦胧、幽静之美；体会通感、联想的手法，以及诗意的审美表达；以某一意象为线索，进行"心曲故事"的微写作。学习《我与地坛（节选）》，静静地默读，感受文字背后的厚重；梳理"我"与地坛的关系，感动"我"的感动，想象"我"的生命情怀；探究"我"的心灵世界；状写史铁生的人生格言。学习《赤壁赋》，临摹课文行书字帖；模拟主客双方的口吻，用现代散文的方式改写对话；通读全文，触摸作者宽广的胸襟。学习《登泰山记》，比照王勃

的《滕王阁序》、王禹偁的《黄冈竹楼记》，反复诵读；探究古代文人的生活情趣与文化追求；撰写人物小记。

我们不难看出，以上学习活动，学生深度读写的痕迹非常明显。为什么要这样设计学生的主体活动呢？因为诗歌、小说、散文等文体的解读都要经历认识美、发现美、创意美的过程。也就是说，读者的喜、怒、哀、乐，跟着作者一起走，然后才有理性的观察，进而对其他人事物进行审视。以上五篇抒情散文，从读文章，沉浸于文章的字里行间，到分析艺术表现，再到写作的表达，学习历程由感性到理性，由浅入深。基于此，审美课堂评价着眼于让学生经历"感受、体验、分析、阐释"的过程。所谓感受、体验是指以自己全部身心投入作品，拥抱作品，心灵与心灵相对话，用自己的感情与作者的感情进行交流，感受那些活的、灵动的生命信息。体会音韵节奏中的意味、字词的暗含义、语气、语调、情调、格调、风格、神韵等等。所谓分析、阐释是指艺术手法的运用、作者和读者对题材所持的态度。上述这些具体内容便是重要的评价抓手，但都归结到认识美、发现美、创意美这三个维度。

值得注意的是，过程性评价不可能一次完成评价，需要经历认知的渐进，这离不开师生多维的互动。但是，学生的认知必须经历每一个教学审美的阶段，这一点毋庸置疑。

三、评价学生活动的具体素养，走向审美共生

我们知道素养的本质是在不同的情境中获得生长性经验，创造性地迁移运用技能。培养学生的语文素养，就是要让学生"做事"，在用语言"做事"的过程中，知道学生的所思所想，设计积极的学习活动，让学生变得能思能想。

如何评价学生在活动中的素养表现呢？教师要引导学生进行自我监督、同伴监督，教师也要监督学生在学习过程中的表现，以此推断他们素养内化的程度。例如，学生从学习情绪不高变为专注于任务，思考问题的解决方式；从不关注他人的观点变为明白对方的观点，能感同身受，给予回应；从思维概念化表达变为乐于优化别人的观念和结论，思维灵活，思想开放；从不注

重学习策略变为具备解决问题的办法，运用比较、假设、预测等认知方式，有自我的思维意识；等等。下面以学生具体的课堂素养表现加以说明。

必修下第六单元由《祝福》《林教头风雪山神庙》《装在套子里的人》《促织》《变形记（节选）》等小说学习资源构成。有语文教师将学习主题定为"变形人生"，单元学习目标确立为"理解不同作家多样地展现不合常情的人物形象"。在这个总目标的聚合下，探寻"变形人"形成的原因。如《祝福》一文，如果学生的认识仅仅停留在"封建礼教"这一概念化的表述上，那么学习素养就不理想。倘若学生在老师的指导下，提出"谁是凶手"的问题，学生的思维就会指向小说反映的社会风气、人物的价值观的探究上。通过梳理和探究，小组合作交流后能得出合情合理的解答，学生的思维素养就提升了。《林教头风雪山神庙》一文，如果学生跳出情节，关注风雪、人物动作等细节描写，以此窥见林冲性格变化的轨迹，那么素养表现就发生了很大的变化。《装在套子的人》一文，如果学生不死抠"社会背景""社会环境"，而是关注小说用简洁含蓄、朴实无华、幽默风趣的语言，讽刺了别里科夫夸张、吊诡的言行，那么素养表现就上了一个台阶。《促织》一文，如果学生聚焦作品以虚写实的手法、细节描写显示了"促织"的才能，而不简单地将人物命运与官府的无能联系在一起，素养就发生了变化。同样，《变形记（节选）》一文，有学校的学生在小组拟订方案的基础上，撰写"格里高尔·萨姆沙的病相报告"，能够挖掘小说隐晦、暗示性的语言和象征的手法，理解虚幻与真实的结合，体会病态者的生存困境，分析人物"变态"的原因，那么素养表现就跃升了。

概言之，师生在单元活动任务中通过梳理、赏读、探究、交流等手段，紧紧围绕统摄的议题，适时进行学生的自我评价和教师的课堂评价，终将走向语言的运用、思维的扩张、审美的体验和文化的理解，课堂场域就形成了审美共生的模样。

第七章　怎样开展高中语文审美课堂实践

前面从审美课堂建设理论的角度对高中语文审美课堂进行了全方位、全过程、全要素的分析。那么，在具体操作层面该如何做呢？接下来，从操作方法和文体类别的角度分别举例介绍江苏省南菁高级中学语文团队的实践。

前两节在操作方法层面，南菁高级中学语文团队注意到新课标提出的"审美鉴赏与创造"这个核心素养，并以此素养的培育为目标，关注学生的审美体验过程和审美鉴赏过程，从不同层面展开了积极的探索，在生发审美兴趣、加强审美体验、陶冶审美情趣、进行审美设计、显化审美场域、提升创美能力等方面有了一些实践成果。

有研究者曾说："如果有教师说阅读教学从来没有留心解读过文本的文体归属与特点，我一点也不会感到惊讶。因为在以往的阅读教学观念中，从没有真正关注过培养学生的文体意识与文体素养，教师也就没有辨析文体属性的自觉。"[①] 审美课堂关注的重点之一就是不同文体文本教学的审美体验重点。第三节至第六节，从诗歌、散文、小说、戏剧等文体教学案例出发，探讨唤醒—沉潜—迁移范式在不同文体教学中是如何体现的。

第一节　从意识到情趣的跨越

在语文课堂上，美是一种客观存在，也是一种主观感受。客观存在的是

---

① 潘苇杭，潘新和. 文体感：写作行为的目标预期 [J]. 语文建设，2015（7）：23 - 25.

音韵节奏、语言文字之美和作者在文字中投射的自然人情之美、思想精神之美；主观感受的是学习者自己的阅读、审美体验。就学习而言，只有学习者能主观体会、领悟到客观存在的美，并能将其化作自己的内生力量，无论是知识方面的还是能力素养方面的，语文学习才算完成。

一、生发审美兴趣，唤醒审美意识

审美境界的语文教学摒弃支配和灌输，不再是把课文肢解成训练题，而是强调引导和生发学生的审美兴趣，唤醒和激发他们的审美意识。

项王即日因留沛公与饮。项王、项伯东向坐；亚父南向坐，——亚父者，范增也；沛公北向坐；张良西向侍。（《鸿门宴》）

鸿门宴的座次描写绝非泛泛之笔，而是极精彩而又极重要的一幕，历来为人们所关注。教师怎样引导学生发现这处神来之笔蕴含的审美价值？顾炎武《日知录》："古人之坐以东向为尊……"秦汉宴会场合中，东向最尊，南向次尊，西向为"等礼相亢"的朋友地位，北向为最卑的臣位。刘邦北向坐是表示臣服的意思，而项羽也正式接受了刘邦的臣服。在许多情况下，老师们只解读到这个层面。实际上，座次不仅为表现人物服务，更为下文埋下伏笔——刘邦之所以能够成功脱逃、转危为安，与这个座次很有关系，与接下来的樊哙闯帐"从良坐"有直接关系。刘邦借故离席，正是从樊哙和张良身边经过，一个眼神、手势等肢体语言就可以传递信息。我们在课堂上是通过让学生表演的形式来解读文本中的这一处经典细节，以此生发学生的审美兴趣。

范增数目项王，举所佩玉玦以示之者三，项王默然不应。

我持白璧一双，欲献项王，玉斗一双，欲与亚父。

玦，玉器的一种，环形，有缺口。"玦"音同"决"，古时常用以此作为与人断绝的象征物品。《荀子·大略》："绝人以玦，反绝以环。"范增用玦来暗示项羽下决心杀掉刘邦。

这两个环节的教学，为日后的课本剧演出生发了学生的审美兴趣，唤醒了学生心中沉睡的审美意识。

二、诵读，用声音呈现和体味文本之美

相比于商业化材料、肢解式训练学语文，"披文以入情，让学生在涵泳朗读的基础上充分体验文本的情美、意美，让他们把握住跳动在字里行间的情感脉搏，激发他们去体验、去思考、去感悟思想情感的真谛"①。这不失为审美鉴赏与创造核心素养熏陶培养的一条有效途径。

请葡萄上架。把在土里趴了一冬的老藤扛起来，得费一点劲。大的，得四五个人一起来。"起！——起！"哎，它起来了，把它放在葡萄架上，把枝条向三面伸开，像五个手指头一样的伸开，扇面似的伸开。（汪曾祺《葡萄月令》）

汪曾祺的这篇美文，被收入苏教版选修教材《现代散文选读》，部分学生甚至个别老师认为，本文如同流水账，没什么可学、可讲的……我们多次在课堂上通过诵读来呈现展示，以求让学生用声音来体味和展示这种美。老师像喊口令一样："起！"学生像好多个人一起扛起"在土里趴了一冬的老藤"一样，煞有介事地喊着号子："起！"这不仅让学生感受到了文本之美，还使课堂呈现出一种师生协作之美。

郑愁予的《错误》，我们的办法是朗读——基于理解的声音呈现。教师按照原诗读：

我打江南走过/那等在季节里的容颜如莲花的开落

学生改为：

（你）打江南走过/（我）等在季节里的容颜如莲花的开落

男生读：

东风不来，三月的柳絮不飞/你底心如小小的寂寞的城/恰若青石的街道向晚/跫音不响，三月的春帷不揭/你底心是小小的窗扉紧掩

女生读：

东风不来，三月的柳絮不飞/（我）底心如小小的寂寞的城/恰若青石的

---

① 李晖. 一节优质课是怎样炼成的［J］. 语文教学与研究，2012（1）：70-71.

街道向晚/跫音不响，三月的春帷不揭/（我）底心是小小的窗扉紧掩

最后一节，二部轮唱式的诵读。

男领：

我达达的马蹄是美丽的错误/我不是归人/是个过客……

女领：

（你）达达的马蹄是美丽的错误/（你）不是归人/是个过客……

这样的诵读，的确引导学生用声音呈现和体味文本之美。实际上，在语文教学中，朗读绝不是一种低级的重复，而是一门阐释艺术，有些文章中难以表达的妙处，往往能通过反复的朗读、涵泳而心领神会。而且朗读还能营造出一种仪式感，仪式感纯洁和净化了我们的心灵，多了一分严肃，有了一分崇高。亦即多了一种审美体验。

不只是在语文课堂上，我们还开发出了"菁园朗读者"校本课程，两位有朗读特长的老师带动了一批又一批热爱朗读的学生，为每年一度的诗歌演诵活动起到了良好的推动作用。

教材中的《在马克思墓前的讲话》《我有一个梦想》《不自由，毋宁死》《雷雨》《茶馆》《哈姆莱特》《罗密欧与朱丽叶》，我们都尝试过诵读——用声音呈现和体味文本之美，通过多种形式、多途径的朗读和诵读来达成审美鉴赏与创造核心素养的陶冶锤炼与养成，教学效果比较理想。

三、品评语言，陶冶审美情趣

语文核心素养之间的关系不是割裂的，教学中也难以将其完全分开来实施，它们常常是相融相通的。文化借助语言记载传承，反过来又丰富了语言；思维通过语言（口语、书面）表达呈现，语言表述又可以训练和促进思维；审美对象在语言方面往往表现为书面语言，口头、书面语言是传递表达审美的工具，"审美鉴赏与创造"核心素养更多仰仗与凭借语言品评实施。

余光中《乡愁》第三节：

长大后/乡愁是一张窄窄的船票/我在这头/新娘在那头

教学中我们试着把"新娘"置换为"妻子"，引领学生通过品评语言来陶

冶审美情趣。写作此诗时，余光中和妻子都已届中年，从语言准确性的角度看，用"妻子"更合理。但是，诗歌是高度浓缩的语言审美表现形式，讲求审美，而忽略准确性。上升到审美层面，"妻子"是婚姻、家庭关系的一个角色名称；而"新娘"是一个有温度的词语——尽管已届不惑之年，但是乡愁依然是几十年前"新娘"时代的温馨，正是"新娘"这个词语，把余光中的乡愁表达得让一代一代的读者产生了审美共鸣。

项羽大**怒**，曰："旦日飨士卒，为击破沛公军！"

沛公大**惊**，曰："为之奈何？"

怒，是外在的表情态度，一个字写活了头脑简单的项羽；惊，内在的心理活动，不易被人察觉，精确地表现了刘邦的内敛含蓄、老谋深算。

一语未了，只听外面一阵脚步响，丫鬟进来笑道："宝玉来了！"……黛玉一见，便吃一大**惊**，心下想道："好生奇怪，倒像在那里见过一般，何等眼熟到如此！"

宝玉早已看见多了一个姊妹，便料定是林姑妈之女……因**笑**道："这个妹妹我曾见过的。"贾母**笑**道："可又是胡说，你又何曾见过他？"宝玉**笑**道："虽然未曾见过他，然我看着面善，心里就算是旧相识，今日只作远别重逢，亦未为不可。"

惊，既符合黛玉的性格特点，又表现出初进贾府的处处小心谨慎；宝玉的两次"笑"都是外在的，既有语言，又配以表情。前一个"笑"，有心理活动透露，也有语言展现，符合贾宝玉性格以及其在贾府的地位；后一个"笑"，面对贾母的"笑"（嗔怪），有狡辩，也有解释。

这几处语言文字的魅力，都是需要学生细细品咂，在这个过程中陶冶审美情趣。

再看一例。

苏轼的《念奴娇·赤壁怀古》"故垒西边，人道是，三国周郎赤壁"，如果学生改用"周瑜赤壁"；"遥想公瑾当年，小乔初嫁了，雄姿英发"，学生常常误写为"出嫁"。这都是引领学生品评语言，生成陶冶审美情趣教学活动的最佳契机。

（周）瑜时年二十四，吴中皆呼为周郎，领江夏太守，从攻皖，拔之。时得乔公二女，皆国色也。（孙）策自纳大乔，（周）瑜纳小乔。

郎，是魏晋以后对青年男子的美称或昵称。此处"周郎"非"周瑜"可替换。前者表达了作者对周瑜风华正茂、年轻有为、功业已就的欣羡；对自己华发早生、老大无成、连连遭贬、娶妻丧妻等遭遇的感慨与无奈。一个"周郎"称谓的品咂，生成了多少审美趣味！此其一。

苏轼为何用"初嫁"？大乔、小乔为江东著名美女，相传曹操建铜雀台，命曹植撰《铜雀台赋》，有"揽'二乔'于东西兮，朝夕之与共"。唐代杜牧《赤壁》也写道："东风不与周郎便，铜雀春深锁二乔。"周瑜娶小乔是在24岁，同年拜将；指挥历史上著名的以弱胜强的赤壁战役是34岁；36岁即英年早逝。按照古人关于年龄的一般习俗，周瑜此时也步入中年，小乔嫁周瑜已是十多年前的事情了，何以言"初嫁"？其实都是为了衬托作者自己的种种遭遇，为了抒发"人生如梦"的感慨。"出嫁"过于平板直白；"初嫁"除了包含"出嫁"的意思之外，还强调"刚刚"，以小乔来衬托周瑜。此其二。

此外，"遥想公瑾当年，小乔初嫁了"（苏轼《念奴娇·赤壁怀古》），"想当年，金戈铁马，气吞万里如虎"（辛弃疾《永遇乐·京口北固亭怀古》），两个"当年"颇值得我们品评和挖掘其审美趣味。工具书上说：当年，指某人的事业、活动或生命的全盛时期、顶峰状态；过去的某一时期。苏词的"当年"有何意？是否与辛词相同？经过一番引导评析，学生们发现，苏轼是感叹周瑜在指挥赤壁大战时正值生命鼎盛、事业全盛时期；而自己被贬赤壁（文赤壁）时已是垂暮之年。辛词的"当年"则是"过去的某一时期"，文中指刘裕为了恢复中原大举北伐的时候。此其三。

黄厚江老师主张："应该以语言文字的感受和品味为起点，在丰富的审美体验中培养审美感悟能力。"[①] 我们在教学中重视以语言文字为起点，通过品评语言，陶冶审美情趣，培养学生的审美感悟能力，取得了良好的效果。

---

① 黄厚江. 以美启美：追求语文教学审美诸元的共生——谈核心素养"审美鉴赏与创造"的培养［J］. 语文教学通讯，2019（7）：26 - 31.

第二节　从审美到创美的跃升

美要深入人心，真正成为引领人、发展人、完善人的重要因素，还需要学生能对美做出准确的认知和判断，并且能在实际生活情境中灵活运用，甚至是进行创造。在这个意义上，审美的语文课堂还肩负着帮助学生积累语文知识、积淀创美能力的任务。江苏省南菁高级中学的具体举措如下。

一、重构教材，进行审美设计

新课标强调中学生语文核心素养，其中之一"核心"是"审美鉴赏与创造"。"语言文字作品是人类重要的审美对象，语文学习也是学生审美能力和审美品质发展的重要途径。"这意味着，"审美鉴赏与创造"这种能力主要是通过对语言文字作品的鉴赏而获得，尤其是在对中外优秀文学作品阅读研习中浸润、感染、熏陶而得之。长期以来，我们的"语文学习"实际上是学习进入语文教材的一篇篇课文，因之，《普通高中语文课程标准（2017 年版）》指出，"教材中的选文应具有典范性和时代性，文质兼美，体现正确的政治导向和价值取向。选文格调要积极向上、健康明快……"但是，在多纲多本时代，我们的一些教材在这方面没有把握好，"语文教材的价值导向出现了偏差"①，选文出现了一些不利于语文核心素养的内容。

以《项链》为例，历年的人教版教材、华师大版教材（王铁仙主编）、北京版都选用的是相同的译本："这篇课文以几种中译本为基础，并根据法文校订。小说发表于 1884 年，原题'首饰'，'项链'这个译名是由英译本转译过来的，因沿用已久，这里仍保留。"苏教版选修《短篇小说选读》（丁帆、杨九俊主编）、粤教版（陈佳民、柯汉琳主编）选择的是赵少侯译本；鲁人版（谢冕主编）选用柳鸣九译本，山东文艺出版社 1997 年版。

经过比较，我们不难发现，苏教版等所选用的译文不利于学生审美鉴赏

---

① 顾之川. 迎接语文教育新时代［J］. 课程·教材·教法，2018（6）：4-8.

能力的培养。笔者选取几处片段，从中学生语文学习角度出发，结合核心素养审美鉴赏等能力培养，通过比较探究不同译本，希望对今后的教材建设有一定借鉴作用。[①] 教师要对"教材"进行审美设计。教师在备课时仅仅用一种教材是不够的，通常应有两三套同类教材进行审美比较，"适当加以取舍和组合，择其善者而从之，选择出适合学生的教学内容和方法"[②]。

"今者有小人之言，令将军与臣有郤……"（鲁人版）

"今者有小人之言，令将军与臣有郤。"（人教版、苏教版、语文版、粤教版、部编本）

我们把教材中"（沛公）谢曰……籍何以至此？"一段文字删除标点，投影给学生看，训练断句加标点；让学生试着通过朗读思考这里省略号与句号的不同表达效果，在比较中自己能够感悟和领会。最终多数学生体会到了省略号的妙处。项羽不等刘邦把话说完，抢先打断，推卸责任，结果供出了曹无伤——多数教材节选都是以曹无伤告密开始，又以曹无伤被杀而终。项王的口无遮拦，头脑简单、少谋寡断，在一个省略号上尽显无遗。而刘邦则机智巧妙、多谋善断，自知羽翼尚未丰满，难以敌对项羽，见到这个好大喜功且喜欢听奉承话的对手，则委屈称臣，低调谦虚地叙说自己的胜利是"不自意能先入关破秦"；进而话锋一转，因为小人之言，"令将军与臣有郤"，而不是指责对方，藏而不露。预料之外得到自己阵营里的曹无伤原来是项羽的间谍，未流露出任何迹象，而待仓皇逃回自己大营时才"立诛杀曹无伤"！

太史公当初并无标点，今着一省略号，两人性格、谋略之异立显。如果没有对教材的比较重构，就无法在此处挖掘审美教学内容、生成审美教学实践。

再如，传统语文教材经典篇目《在马克思墓前的讲话》，人教版采用人民文学出版社1972年译本：各国政府——无论专制或共和政府——都驱逐他；

① 寇永升，陈彬洁. 基于核心素养的翻译文本比较研究——以《项链》与《在马克思墓前的讲话》为例［J］. 语文教学通讯，2019（7）：45-48.

② 查有梁. 课堂教学审美设计新探［J］. 课程·教材·教法，2007（1）：28-33.

资产者——无论保守派或极端民主派——都纷纷争先恐后地诽谤他、诅咒他。他对这一切毫不在意，把它们当作蛛丝一样轻轻抹去，只是在万分必要时才给予答复。

苏教版选用人民文学出版社 2001 年版：各国政府——无论专制政府或共和政府，都驱逐他；资产者——无论保守派或极端民主派，都竞相诽谤他，诅咒他。他对这一切毫不在意，把它们当作蛛丝一样轻轻拂去，只是在万不得已时才给以回敬。

请注意标点符号。第一个破折号的作用是解释，第二个是连接，两个破折号之间的文字可以用括号。但是，破折号起到强调作用，朗读时需要读出来；括号只是注释作用，并不需要读出来。如此看来，苏教版把两处破折号改为逗号是不妥的，减弱了语言审美。再看词语选用。"纷纷"与"争先恐后"交叉重复，而且后者是褒义词，多用于做好事，与文意龃龉；"竞相"具备语言的简明、准确、得体等审美特质。"抹"的动作是在一个平面上进行，须用力；而"拂"则动作轻微，适合与"蛛丝"搭配，且更准确地表现出马克思对敌斗争的姿态，富有丰富的美感。"万分必要"是主动的；"万不得已"则突出被动。"答复"与"回敬"比较，后者更具有讽刺性，更符合此处语境。

经过这样一番品味，表面上是语言建构与运用能力的训练，实则是审美鉴赏与创造素养的熏陶。

随着部编教材的大面积使用，如果我们在实际使用中注重细节，关注教材版本区别，一定程度上进行比较性重构，是有利于审美教学设计的。

二、跨媒介阅读，显化审美场域

《普通高中语文课程标准（2017 年版）》"跨媒介阅读与交流"任务群要求："引导学生学习跨媒介的信息获取、呈现与表达，观察、思考不同媒介语言文字运用的现象，梳理、探究其特点和规律""学习运用多种媒介展开有效的表达和交流"。老舍先生的《想北平》结尾："好，不再说了吧，要落泪了。真想念北平呀！"我们在教学中要求学生把这两句话读出来，想想那个"好"

该怎样读。有学生激情澎湃地高喊"好"。教师追问：如果是这样，怎样接下文"不再说了吧"？有学生深情地赞美"好"。教师再问：既然如此，何必"要落泪了"……我们把北京话剧演员周政的朗读录音放给他们听，那个"好"是一声低沉的叹息，全班唏嘘，继而哑然无声……

周朴园（由衣内取出皮夹的支票签好）很好，这是一张五千块钱的支票，你可以先拿去用。算是弥补我一点罪过。

鲁侍萍（接过支票）谢谢你。（慢慢**撕**碎支票）

教学这个片段时，在学生分角色演诵的基础上，我们播放明星版话剧《雷雨》片段，饰演侍萍的演员顾永菲是慢慢地、一条一条撕掉那张支票的；电影故事片《雷雨》中，演员是拿到煤油灯上**烧**掉的；学生们在排练初期是**扔**到地上的……我们把 1987 版电视连续剧《红楼梦》中晴雯撕扇子的情节播放给学生欣赏，他们很快明白了：撕，是一个过程，可以解恨，充分展现了人物的心理活动；烧，只是毁灭它，是一个相对比较短时间的动作；而"扔"是一个瞬间动作，表示嫌弃……

上述两个课例中，正是借助跨媒介阅读，有效地显化了审美场域，为审美鉴赏与创造核心素养的培养成功助力。

三、活动助力，张扬审美创造能力

《普通高中语文课程标准（2017 年版）》指出："审美鉴赏与创造是指学生在语文学习中，通过审美体验、评价等活动形成正确的审美意识、健康向上的审美情趣与鉴赏品位，并在此过程中逐步掌握表现美、创造美的方法。"即审美鉴赏与创造素养的形成需要借助于体验式的活动。

江苏省南菁高级中学每年在高二年级开展课本剧展演活动，高一举行诗歌演诵。使用苏教版教材时期，高二下半学期，进入《〈史记〉选读》的教学阶段，文言文学习本身就很枯燥乏味，教师结合学段特点和教学内容，开展了以《〈史记〉选读》为蓝本的课本剧大赛，学生呈现了一幕幕经典之作，如《楚汉风云》《高祖还乡》《高渐离刺秦》《鸿门宴》《廉颇蔺相如列传》等。创作剧本，筹划参与演出，通过舞台实践亲身体验，能多方面培养学生的语文素养：首先，课本剧的表演能使学生原有的知识得到巩固和延伸，拓宽了学生的视野，促进了学生的实践能力和创新能力的发展；其次，课本剧的表演也是一次美的实践，能促进学生审美能力的提高，同时也促进了学生道德情感的完善；最后，课本剧的表演也是基于正确的情感、态度和价值观的审美情趣和文化感受能力的呈现。

课本剧表演，展示的不仅是课本。课本剧表演内生着"体验式学习"方式，学生分析创作剧本，筹划参与演出，通过舞台实践亲身体验，提升审美能力，提高戏剧鉴赏能力，协调、合作、沟通、交际等能力得到了全方位锻炼，特别是不少学生还根据自己的理解对经典剧目进行改编，审美创造能力得到了充分发挥。

诗歌演诵活动，除了与课本剧表演具有相同的效果，还在学生中发现了朗诵积极分子，开创了"菁园朗读者"校本课程，使学生对诗歌的审美鉴赏与创造能力得到了展现与提升。

一年一度的高二年级课本剧编演，高一年级的诗歌演诵，通过一定的活动助力，借助于表演等手段，辅之以多种媒介，创设富于审美性的教学情景，激发学生的审美欲望和兴趣，引起学生的审美注意和对审美对象的初步感知，在活动中深化对美的体验，形成对美的认知与欣赏，将审美对象内化为自己的审美意识和观念，并能够用自己的方式表现美、创造美。正如查有梁教授所言："这是一个对美的认识由感性到理性，由外化到内化，认识不断升华的过程。"①

有学者指出："课堂教学，无论从方法论上考查，还是在目的论上考量，我们都要追求科学优效性和艺术审美性的统一。"② 如果教师的审美世界黯淡无光，就很难打开学生的审美心窍。假如学生感受不到自己的生命美，体会不到学习美，那么语文课堂就与美好享受无缘，必将无益于学生人格的全面

---

① 查有梁. 课堂教学审美设计新探 [J]. 课程·教材·教法，2007 (1)：28-33.
② 黄伟. 优美课堂：课堂教学质量观重建 [J]. 课程·教材·教法，2018 (8)：56-61，143.

发展。一个人"缺乏审美，无论他知识多么丰富，也无论他生活多么丰裕，最终都会剥露其粗鄙、暴戾的面相；缺乏对美的追求，人就会与人性远离，而与兽性愈近"①。《红楼梦》里的贾环，熟读四书五经，算得上知识丰富；从小生活在贾府这样的钟鸣鼎食之家，生活不可谓不丰裕，但是时时、处处、事事难掩其粗鄙、暴戾。恰恰相反，对于手足贾宝玉，无论是以滚烫的蜡烛残害，还是猥亵的谗言陷害，无不显出其与人性远离而与兽性愈近的一面。

现在的学生并不是缺少知识，也不是缺少文化，相当一部分学生甚至不缺少音乐、美术、运动等技艺技巧，却缺乏审美鉴赏与创造的能力，其根源在于缺乏审美的热情，在于我们的教学重视分数，而忽视甚至忽略审美趣味与审美能力的培养。当课堂教学在努力提升学生的文化知识水平的时候，我们千万不要忘了"以美启美、以美储美、以美立美"。

第三节　让诗意美在课堂摇曳

古诗词是中国人情感表达的载体，凝聚了中国人传统的审美思维。它具有语言美、音韵美、意境美和情感美等特质，教师要发掘并利用古诗词蕴含的审美因素，在古诗词教学中创设条件来提升学生的审美感知力、培养学生的审美鉴赏力、激发学生的审美创造力。

一、品咂语言：提升审美感知力

语言是诗歌的载体。诗歌是高度浓缩的语言审美表现形式，往往一词一句就能生动地描摹出事物的特征，深刻地反映出思想内容。我们在教学古诗词时要注意寻找契机引领学生品咂语言，在反复"玩绎"中感受古诗词语言的妙处，提升审美感知力。

例如，苏轼的《念奴娇·赤壁怀古》词的下阕有的教材选"人间如梦"

---

① 黄伟. 优美课堂：课堂教学质量观重建［J］. 课程·教材·教法，2018（8）：56-61，143.

版本，也有的教材选"人生如梦"版本。笔者在教学中引入于谦《石灰吟》"粉身碎骨浑不怕，要留清白在人间"，白居易《大林寺桃花》"人间四月芳菲尽，山寺桃花始盛开"，文天祥《过零丁洋》"人生自古谁无死，留取丹心照汗青"，引导学生品读"人间"与"人生"的区别。"人间"既可指整个人类社会，又可以说是自然界。"人生"则是指人从出生到死亡的整个过程。于谦诗中着重指人类社会，白居易诗中侧重指自然界；而文天祥是指个体生命的长度。苏轼诗中是慨叹"整个人类社会""如梦"呢，还是自然界"如梦"？经过一番审美比较和鉴赏，学生们渐渐发现，苏轼应该是慨叹个体生命。

二、巧用补白：培养审美鉴赏力

"补白"是相对于"留白"而言的，是指在绘画中利用文字或印章等形式在画面空白处加以修饰，从而使画面更加丰富、意境更加悠远的一种技法。我国古诗词因其文字、内容、情感的跳跃性以及表达的含蓄性而存在着大量的留白，而这些留白处往往是古诗词的艺术魅力所在，也是学生进一步理解古诗词的支点所在。因此，古诗词教学中教者应借鉴绘画中的"补白"技法，借此为学生搭建杠杆，将"留白点"转化为"生成点"，引导学生通过联想和想象进行"补白"。

配图是语文教材重要的组成部分，对文本理解起到形象阐释和补充说明的作用。中国古诗词往往具有"诗中有画，画中有诗"的特点，在古诗词教学中教师可适时地向学生展示配图，让学生身临其境，更好地帮助学生挖掘诗中的意蕴。在教学张若虚的《春江花月夜》时，学生可以通过课前预习及静态的彩色配图初步感知文本。在课堂教学中，笔者先让学生根据韵脚的变化找出隐藏着的"诗中诗"，再化整为散，配图补白讲析这些"诗中诗"，最后化散为整，聚焦到这张"静态的彩色配图"上，让学生在想象中感悟整首诗歌的情感和哲理。这种由部分到整体、由形象到抽象的过程更符合学生的认知规律，且借助配图补白将原先静态的画面扩展成一组"动画"，学生通过头脑中虚拟的一帧一帧的动画再现文本中的艺术形象，在课中就基本能完成诗歌的背诵。

在上课过程中，笔者会发现学生有时在课文配图上加工或者自行创作诗意图，这是学生理解古诗词的外化行为。我们要引导并鼓励学生这种具有审美想象力的创作。例如，在教学王维的《山居秋暝》时，笔者首先是简单地介绍王维山水田园诗的风格特点，然后让学生根据该诗内容创作诗意画并用散文化的语言描述画面，最后班内交流、教师点评。

以下是学生为《山居秋暝》创作的诗意图和描述性的文字：

一场淅沥的秋雨后，留下满山的静谧与空明，天色渐晚，加重了秋色的深沉与萧瑟。明月冉冉升至天空，将满载的银辉一泻而下，挥散在葱翠的松林间，树影婆娑，光影流转，宛若仙境。万籁俱寂，那淙淙水声从心底流过，那轻快的泉水似与山石相戏，却从不停留，一路欢唱。竹林沙沙作响，夹杂着阵阵喧笑，是浣衣的女子结伴归来吧，勤劳的她们穿行于竹林间，乘着月色，自是最美的风景，古朴的渔船沿水下行，带起层层涟漪，溪中的莲叶随之摇曳浮动，漾得人心也随之悠然。春天的芳菲已逝，可谁说这秋景不醉人呢？定有自然的知音愿意在此驻足，"满载一船秋色，平铺十里湖光"。

从教材的配图补白到学生的画图补白，学生在课堂上的主体地位更加突出，更愿意自主地参与到古诗词的学习当中，学生的形象思维和审美思维都得到了充分发展。

三、以读促写：激发审美创造力

语文审美化教学，不仅要培养学生感受美和欣赏美的能力，还要提升学生表现美、创造美的能力。高中古诗词审美化教学的最终目标就是要激发学生的审美创造力。

在教学"沉郁顿挫的杜甫诗"这一专题（原苏教版高中教材）时，笔者抓住该专题序言三个核心关键词"诗史""沉郁顿挫的独特风格""诗圣"来设定教学目标，印发杜甫生平资料进行预习，精讲《兵车行》，勾连《登高》《登岳阳楼》串讲《旅夜书怀》，让学生对"诗史""沉郁顿挫的独特风格""诗圣"有初步感知，然后推荐学生阅读冯至的《杜甫传》和叶嘉莹的《叶嘉莹说杜甫诗》。最后布置作业："请为杜甫作传，可以是文言传记形式，也可以模仿'歌行'体裁（如《石壕吏》一样浅显易懂），注意能涵盖杜甫大致经历，体现其光辉精神。"师生在教学中共同感知杜诗被称为"诗史"的主题美，鉴赏杜甫作为"诗圣"的形象美，欣赏杜诗"沉郁顿挫"的语言美，以学促写，激发学生的审美创造力，让学生在创作中进一步加深对"沉郁顿挫的杜甫诗"的理解。

以下是学生模仿"歌行"体裁创作的古体诗：

布衣行

少陵子美初长成，步入翰墨志凌云。天子诏令天下仕，青衣一身即入城。
奸臣当道志未竟，失意徘徊长安中。愿为契稷奉尧舜，客居十年待施才。
天宝十四终得官，却有叛军攻长安。千帆繁华终掠影，万里浮华尽归尘。
安史动乱八余载，愤怨苦恨声不休。骨肉流离战乱中，一叶孤舟江上游。
苦寒交加草堂里，望有广厦护梨元。身多疾病思故里，乘舟欲去长安上。
江风瑟瑟身难耐，夜色茫茫心已凉。回望漫漫一甲子，涕泗横流难成声。
长江茫茫何处归？呜咽客死扁舟上。

如果说仿写是对古诗词教学的延展性练习，那么真实情境下的古诗词创作则是以学为用的展现。只有古诗词真正接近真实情境，走进学生的生活，才会赋予古诗词鲜活的生命力，也极大地激发了学生的审美创造力。因此，在古诗词审美化教学的过程中，要提供适当的真实情境，鼓励学生创作。

语文即生活，新冠病毒感染疫情也是可利用的语文教材。居家学习期间，笔者布置了真实情境下"以诗抗'疫'，声援武汉"的作业：创作一首表现当前"战胜疫情"相关主题的古体诗，五言七言绝句或律诗，尽量符合诗词格律要求，要求必须原创，然后朗诵录制成视频。以下是学生创作的抗"疫"古体诗：

逆行

一方有难哀疾疫，万家同悲克时艰。白衣一道赴征程，赤胆万颗为苍生。

汉江长流守荆楚，龙魂不灭撼乾坤。待到黄鹤衔疫去，春风笑迎逆行人。

破阵子·送瘟神

何以洗耳颍川，那得食蕨首阳。除夕未临疫已至，上元虽度天犹伤。鄂东风雨凉。

文昌已收五神，子牙早破瘟癀。今朝时行虽横行，流毒中原岂得长。月明长江浪。

江阴市融媒体中心通过传媒教育公众号推送报道了学生创作的抗"疫"古体诗及朗诵视频，这极大地激发了学生诗歌创作的兴趣。教师引导学生从生活中寻找创作的素材，用语言文字表达自己的审美体验，学生的审美创造力得以激发。

顾振彪先生指出："让学生读诗，是进行美育的一个重要途径，古典诗词对于增进学生美的感受能力，培养学生高尚的艺术趣味和健康的审美观念，起着重要的作用。"教师在古诗词教学中要重视以语言为起点，通过品咂语言，提升审美感知力；抓住古诗词留白的特点，巧用补白，培养审美鉴赏力；创设古诗词创作情境，以读促写，激发审美创造力。

第四节　从小说叙述视角看小说之美

小说被梁启超奉为"国民之魂""正史之根""文学之最上乘"，可是目前一些小说课堂并不理想。有的教师在学生走马观花地浏览完小说时，就开始头头是道地分析，忽视学生的审美体验；有的教师只分析"人物、情节、环境、主题"，无法让学生发现小说的丰富意蕴和独特技巧。小说是叙事的艺术，20 世纪后半期兴起的小说叙事学，从"故事怎样说"的角度窥探小说奥秘。审美课堂视域下的小说教学，引导学生从叙述层面深入文本，发掘意蕴，鉴赏技巧，使小说教学更专业，让学生领略到小说流光溢彩的美。叙事学有叙述视角、叙述时间、叙述节奏、人称、结构、故事等内容，限于篇幅，这里仅以叙述视角和叙事时序为例，探讨如何借助叙事学引导学生发现小说的美。

一、经由叙述视角进入文本，体验人物的丰富感受

叙述视角是一个人或一个文本看世界的特殊的角度，有全知视角和限知视角之分。全知视角的叙述者了解作品中所有的人、事，包括人物的心理和命运，可以把一切叙述出来，如《三国演义》《红楼梦》的叙述者。限知视角分为内视角和外视角。内视角，指叙述者知道的与故事中的人物知道的一样多。作者借助故事中某个人物的眼光，以他的感觉和意识传达一切，如《孔乙己》的叙述者"我"（咸亨酒店的小伙计）。外视角，指叙述者对故事中的一切不仅不全知，反而比其中任何人知道的还少，如海明威的《杀人者》中的叙述者。

视角是作者叙述的角度，也是读者进入文本的钥匙。尤其是第一人称内视角的叙述，给人亲切、真实的感觉，最容易把读者带入文本。教学时，教师引导学生通过内视角叙述者的"眼睛"进入文本，看到叙述者观察和感受到的世界，体验叙述者的感受。文本中不合常情之处，往往是叙述者在特定情境下的独特感受，更要重点体悟。比如，《溜索》的叙述视角"我"，属于内视角，是第一次随着马帮过溜索的人。全文以"我"的观察和感受展开。教学时，要真正进入小说情境，就必须引导学生体验"我"的感受——

师：在叙述者"我"看来，溜索时轻松还是紧张？请说说理由。

生1：在"我"看来，溜索很紧张。"我""战战兢兢跨上角框"，在空中时，"手划出血来，黏黏的反倒抓得紧索。手一松开，撕得钻心一疼，不及多想，赶紧倒上去抓住。渐渐就有血溅到唇上、鼻子上，自然顾不到"。手划出血来，钻心地疼，可"我"根本顾不上，反而把索抓得更紧，可见"我"溜索时很紧张。

师：如果你的手被划破了，出血了，你会有什么感觉？做何反应？

生1：很疼，赶紧缩手。（眉头微蹙，仿佛手上疼）

师：是啊，可文中的"我"，血流得都能溅出来，得多疼！这么疼却不缩手，反而抓紧索，可见"我"当时多么紧张！不过，有句话让老师觉得不解："只觉耳边生风，聋了一般，任什么也听不见。"明明一直有"闷雷声"，怎么会"什么也听不见"？

生2：因为神经紧绷。人紧张到极点时，感觉可能失常。我去年坐过山车时，从最高点冲下来，害怕得什么也顾不上，一瞬间啥都听不到……

（有同学赞许，有同学惊讶）

师：妙！你能联系自己的经历，感受"我"的极度紧张，仿佛也体验了一次溜索，在飞渡怒江大峡谷。

美学家帕克说："感觉是我们进入审美经验的门户。"[①] 上述教学片段，引导学生借助"我"的视角进入文本感知体验。抓住文本与常情常理的不一致处，体验"我"的紧张感：常人流血后缩手，"我"反而抓紧索，因为"我"紧张；怒江的涛声还在，"我"却"什么声音也听不到"，因为"我"紧张得感觉失常了。小说以"我"为视角，全文自然戴上了"我"的"有色眼镜"，以常情常理看文本，是无法体验"我"的感受的。

二、跳出作品视角理性判断，领悟文本的意蕴之美

作者叙述故事时，"必须创造性地运用叙事规范和策略，使用某种语言的透视镜、某种文字的过滤网，把动态的立体世界点化（或幻化）为以语言文字，凝结为线性的人事行为序列。这里所谓语言的透视镜或文字的过滤网，就是视角"[②]。可见，视角是作者和文本的心灵结合点。作者为何选用这个视角，有其特殊用意。要发现作者用意，需"依据文本及其叙述视角，进行逆

---

① H. 帕克. 美学原理［M］. 张今，译. 北京：商务印书馆，1965：50.

② 杨义. 中国叙事学［M］. 北京：人民出版社，1997：191.

向思维，揣摩作者心灵深处的光斑、情结和疤痕"①。具体操作时，可以在学生进入文本之后，熟悉相关内容后，再引导他们跳出文本，以自己的视角看相关内容，与叙述者的叙述比较，发现不同，探究缘由。

例如，肖洛霍夫的《一个人的遭遇》，全文以"我"和索科洛夫对话构成。"我"说的话，以"我"为视角；索科洛夫说的话，以索科洛夫为视角。小说中，"我"是线索人物，没说几句，主要是索科洛夫在讲述。因为是回忆，且有听他说话的人，索科洛夫不仅能介绍自己的经历，还能陈述当时的心理感受。作者运用这样的视角叙述有何用意？请看以下教学片段。

师：知道了索科洛夫的故事，体验了他的感受之后，以你的眼光来看，你认为，索科洛夫是坚强的，还是脆弱的？

生1：索科洛夫是脆弱的。他经常说自己很难过，知道妻女都被炸死时，"感到穿心的悲痛"；知道儿子死后，"眼泪在心里干枯了"。即使收养了凡尼亚，"夜里醒来，整个枕头总是给泪水浸透了"。

师：你从索科洛夫讲述的心理感受来判断，如果从索科洛夫的所作所为看，你认为他是坚强的，还是脆弱的？

生1：我认为他坚强！他在战俘营里受尽折磨，却没有放弃斗争。他失去了妻子儿女，仍旧坚强地活着，还收养了凡尼亚，给凡尼亚一个家。

师：非常棒！你能以自己的眼光，根据索科洛夫怎么做来判断。

大家说得似乎都有道理，究竟孰是孰非？

生2：索科洛夫是坚强的。判断一个人，不仅听其言，还须观其行。勇敢的人未必没有眼泪，真正的坚强，是经历了灾难依然热爱生活，并努力把美好带给身边人。

（生鼓掌）

师：精彩！索科洛夫就是这样的人。不过，既然他很坚强，作者为什么让他说了这么多伤心难过的话，为什么不让他多说一点振奋人心的话呢？

（生思考）

---

① 杨义. 中国叙事学［M］. 北京：人民出版社，1997：204.

师：因为作者要揭示战争给人带来的心灵创伤，思考战后如何重建。索科洛夫收养凡尼亚之后，"心立刻变得轻松和光明些了"，他再次寻回父亲的角色，精神有了寄托，情感得到了抚慰。作者以此表明：战后重建，不仅是家园重建，还有精神重建；恢复正常的人伦秩序，才能更好地安抚受伤的心灵。

以上片段，引导学生跳出索科洛夫的视角，以自己的眼光判断索科洛夫是坚强的还是脆弱的，探讨视角选用意图。认为索科洛夫脆弱，是从他自述的心理感受来判断的；认为索科洛夫坚强，是从他怎么做来判断的。作者有意让索科洛夫说出心里的痛苦，不是突出他的脆弱，而是展现战争给人带来的心灵创伤，以此呼唤战后要重视心灵重建。阅读小说不仅要借助视角"入乎其内"，还要跳出视角，拿下视角的"有色眼镜"，以读者自己的眼光理性判断，以此反思作者意图，发现文本的意蕴之美。

三、还原故事时间顺序，比较鉴赏的构思之妙

时序是叙事学的重要话题。热奈特说："研究叙事的时间顺序，就是对照事件或时间段在叙述话语中的排列顺序和这些事件或时间段在故事中的接续顺序。"[①] 这里提到了故事时序和叙事时序，故事时序指所讲述的故事的自然时间顺序，叙事时序指文本叙事展开的先后次序。有的小说按照故事时序展开，不少小说为了表达的需要，以各种时间运行方式，干扰、打断或倒装时间存在的持续性，使之出现变异。常见的变异形态有倒叙、预叙、插叙和补叙。

要进入文本情境，了解情节的来龙去脉，必须将叙事时序还原为故事时序。比如，学生通读《祝福》后，概括祥林嫂的人生经历："一年春天，祥林死了，冬初，祥林嫂逃到鲁镇做女工。三个多月后，祥林嫂被婆婆劫回去，以八十千的价格卖给贺老六。第二年，生了阿毛。又过了三年，贺老六死于

---

① 热拉尔·热奈特. 叙事话语　新叙事话语［M］. 王文融，译. 北京：中国社会科学出版社，1990：14.

伤寒，阿毛被狼叼走，贺家大伯来收屋，祥林嫂只能再到鲁四老爷家做工。因为她是失节的寡妇，鲁镇的人都取笑她。即使去土地庙捐了门槛，也不被允许碰祝福的东西，之后祥林嫂被赶出鲁家，沦为乞丐。死前一天，遇到'我'，询问魂灵和地狱是否存在。最终，她在祝福前夜凄然死去。"

从学生的回答来看，有的没说祥林嫂之死，忽视了小说的倒叙部分；有的从祥林嫂到鲁四老爷家做工开始概括，忽视了插叙部分。这两种概括都不完整，无法展现祥林嫂的悲剧一生，是还没有完全进入文本的表现。课堂上，教师引导学生把祥林嫂的遭遇补充完整，帮助他们在心里建构起完整的文本世界，以进一步感知和理解小说。

叙事时序是对故事时序的艺术处理，隐藏着叙述者的态度，暗含着叙述评价。要让学生领悟其中之妙，就要找到时序变异的地方，结合全文思考其艺术效果。《祝福》的叙事时序是："先写祥林嫂询问'我'有关魂灵和地狱的事，接着写她凄然死去，然后叙述祥林嫂两次鲁镇做工的故事。她来鲁镇之前的经历，插叙在初到鲁镇做工部分。"和故事时序相比，作者采用了倒叙和插叙。为什么要写这样的变化呢？

经过讨论，学生终于明白：运用倒叙，把祥林嫂死后被人嫌弃的场景写在前面。这样写能够引发读者思考："祥林嫂是谁？众人为何如此冷漠？"这样写也渲染了小说的悲剧气氛，展现出"我"的悲悯情怀。运用插叙，把"直到十几天之后，这才陆续知道她家里还有严厉的婆婆；一个小叔子，十多岁，能打柴了；她是春天没了丈夫的；他本来也打柴为生，比她小十岁；大家所知道的就只是这一点"一段内容插叙在祥林嫂初到鲁镇做工部分，很是巧妙。如果按故事时序写，这些内容要费不少笔墨，以鲁镇人的口吻插叙，可以简洁许多。而且，祥林嫂是逃出来的，不会和他人说太多婆家的事。她又勤于劳作，说话必少。不过，少则少矣，却不能没有。这部分既交代了她之前的经历，又为后文她被婆婆绑回去卖掉埋下伏笔。小说结构有伏有应，前后贯通。

还原故事时序，有助于理清情节；比较叙事时序和故事时序，探究时序变异缘由，能够发现作者匠心所在，让学生认识到小说的构思之美。

詹姆斯说："讲故事至少有五百万种方式。"叙事学是打开小说世界的钥匙，以其为指导，进行教学设计，能够引导学生体验小说情境之美，发掘文本意蕴之美，鉴赏作品技巧之美。

第五节　散文学习的审美支点

散文亦称美文，题材广泛、语言凝练、情感真挚、意境优美是其重要表征。散文以语言美为表，以情感美为里，以意境美为高。新课标提出"让学生在语言文字运用的学习中受到美的熏陶，培养自觉的审美意识和高尚的审美情趣，培养审美感知和创造表现的能力"[①]，散文审美化教学势在必行。审美是一种高阶思维能力，散文审美化教学需要有效支点，我们可以在语言实践活动中开展审美活动。

一、读其形，形于文表，品读语言感受美

散文不需绘画，却能构图敷彩；不是音乐，却能摹声拟音。散文就有这样的神奇。我们不妨读其形，通过读文品语感受其美。

"在这一幅冬日农村的图上，再洒上一层细得同粉也似的白雨，加上一层淡得几不成墨的背景……若再要点些景致进去，则门前可以泊一只乌篷小船，茅屋里可以添几个喧哗的酒客……"这是《江南的冬景》里一个语段。我们读其形，就会发现那形于文表凝练的语言，简洁的文字，形式多变，富有美感。郁达夫信手拈来，就是一幅"水墨江南"。"洒""加""点""添"等动词的运用，如工笔细描，信手涂鸦；"粉""白雨""墨"等名词的选择如构图敷彩，铺陈渲染，"烟雨江南"这幅画面的背景隐约可见，而"乌篷""茅屋"和"酒客"的完美组合，动态美可见，静态美自然凸显。

不仅如此，郁达夫在量词的运用上同样匠心独具："天垂暮了，还可以加

---

① 中华人民共和国教育部. 普通高中语文课程标准（2017 年版）[M]. 北京：人民教育出版社，2018：2.

一味红黄，在茅屋窗中画上一圈暗示着灯光的月晕。""一圈"修饰巧妙，那种朦胧、清寒的月晕画面如在眼前；可是，明明是"一点"色彩，郁达夫为何偏用"一味"来形容?!

"一味"与中药相关，与色彩毫无关联。师生经过品读和探讨，发现这属于词语的"借用"，或者是常说的"通感"。作者用红黄这种色彩来描绘江南的月晕，同时用"一味"来修饰，实际上蕴含了无穷韵味：此刻，朦胧中多了一分轻盈、清寒中又夹带了一丝温暖。文章的景象完美地诠释了作者的审美情趣：美文中的景物不能浅也不宜深，色彩的选择不能浓也不能淡，修饰和限制性的词语选择不能多也不能少。"一味"看似无味，实则有味，甚至意味深长……

就语言形式而言，无论是动词的选择、名词的运用，还是数量词的锤炼，都让文字本身具有动态的美感、朦胧的背景，美丽的景致于静态中又多了无尽的内涵，朦胧的烟雨、清寒的月晕伴着淡淡的墨香氤氲成一幅诗情画意的水墨江南图，带给读者无尽的审美体验。

散文语言有时还会让人产生听觉的愉悦。余光中的《听听那冷雨》读起来时而激昂，时而舒缓，富有变化，音韵和谐动听。如"听听，那冷雨。看看，那冷雨。嗅嗅闻闻，那冷雨。舔舔吧，那冷雨"。语气较为舒缓延绵，蕴含作者无尽的感伤和思念；看上去，句子的形式呈现出一种骈散结合的结构，整齐划一的格式；读起来，节奏张弛有致，一气呵成，既有一种语流的顿挫感，又有一种和谐的韵律美。

我们以语言的形美为有效支点，在品读语言中激起学生的审美感受，主动体验散文描绘的画面，赏析作者的语言艺术，体味散文阅读带来的审美愉悦：时而散步江南，时而听雨屋檐，在富有情趣的旋律里陶醉其中，在文字描绘的唯美图画里流连忘返。

二、赏其法，法寓描写，鉴赏细节体验美

如果说语言美是散文的表征，那么情感美则是其内核。动人心者，莫先乎情。要想感受散文的情感美，则须赏其法，在细节描写中体验美。

以史铁生散文为例。史铁生往往借助一个或几个具体的细节，来抒发最真挚、最深沉的情感，带给读者强烈的心灵震撼。如《我与地坛（节选）》："有一回我摇车出了小院，想起一件什么事又返身回来，看见母亲仍站在原地，还是送我走时的姿势，望着我拐出小院去的那处墙角，对我的回来竟一时没有反应。"

"仍""原地""还是""姿势"，看似平凡的生活细节，史铁生却描绘出一个孤苦守望的母亲形象：牵挂和焦虑已经成为母亲情感的"惯性动作"！"竟"表明完全出乎意料，传递出当时震惊的心情，含辛茹苦的母亲多年如一日的守候，自己现在才刚刚发现！"一时"意思为一下子、心中一顿、心灵一颤……可见母亲还没有回过神来，还完全沉浸在儿子出门后的担心和牵挂中！"这样一个母亲，注定是活得最苦的母亲！"

其实，在史铁生笔下，母性并不仅仅是母亲固化的标签。如《合欢树》："我在一次作文比赛中得了第一。母亲那时候还年轻，急着跟我说她自己，说她小时候的作文作得还要好……我把她气得够呛……她正给自己做一条蓝底白花的裙子。"

请看笔者一段教学实录。

师：你怎么看此时的"母亲"？

生：在正常情况下，儿子作文比赛得第一，母亲的本能反应是高兴得要命，儿子太棒了！可是，此时的母亲急着说她自己，还和儿子比能耐呢，我小时候的作文还要好！这不太符合常规。

师：不能把母亲标签化，她的一举一动就一定要符合母亲身份的言行，我们是否可以换个视角？

生："我把她气得够呛。"表明她很在乎别人对她的评价："好汉当年勇！"这是一个年轻女子才有的特征，这里不太像妈妈。（大家笑）

生："她正给自己做一条蓝底白花的裙子"，由此我能看出她爱美，并追求美，这是女人的天性。

生：初中学过《秋天的怀念》，知道母亲喜欢养花，可是自从作者双腿瘫痪后，她侍弄的花全死了。

师：是的，这才是正常反应，母亲也有一个成长的过程。每一个女孩来到人间都是美的天使，可一旦做了母亲，就渐渐收起飞翔的翅膀。一旦儿子处在生死彷徨的边际，母亲的定义便不再是美丽和年轻，而要经历炼狱般的伤痛。

此处细节鉴赏，让学生感悟到母亲那颗"中年少女心"：爱美，要强，真性情。

再回到《我与地坛（节选）》，我们发现天性爱美的、急着说话的母亲此时却不说了："每次我要动身时，她便无言地帮我准备……""无言"并不是没有言，而是不会言、不能言，无言里有千言！此处细节虽然无声，却极具审美张力，让我们心生波澜，暗潮涌动。母亲那欲助无力的无奈、那担惊受怕的焦虑以及那身心俱疲、倍受煎熬的真情实感尽在无言中！

师生以那些看上去有些"散"的细节为支点，拼凑起母亲完整的、生动的、富有个性的生命轨迹，在细节鉴赏中体悟到散文的审美张力。一方面，我们感受到生命的温暖和动人，体悟到人性的光辉与多彩：女性爱美求美的天性愈发让母亲温润与丰盈，年轻女人要强的本能平添了情趣和韵味；另一方面，我们仿佛能触摸到作者那颗追悔、自责、挣扎和救赎的心灵，在身心的强烈震荡中自觉提升审美的境界：母亲的变化无形中增添了生命的质感与厚重，她在困境中的坚守让读者感受到慈爱和善良等中华传统美德的熏陶，她的"无言"烛照出母亲群像在民族灵魂深处中最具代表的特征。

三、悟其神，神聚意象，身临其境理解美

散文的美，不仅是个人情感的折射，更是作者主体灵肉与外部世界的和谐交融。崇尚和谐，追求神韵，意境高远，一直都是散文家的美学追求。我们欲悟其神，必聚意象，需要身临其境理解美。

请看笔者的一段教学实录（《故都的秋》）。

屏显：

扫街的在树影下一阵扫后，灰土上留下的一条条扫帚的丝纹，看起来既觉得细腻，又觉得清闲，潜意识下并且还觉得有点儿落寞。

师：秋天里，看到灰土上留下丝丝缕缕的丝纹，你觉得"这故都的秋味"

如何？

生：叶落了，清扫过，细纹清晰可见，这是秋天的典型景象。

生：空旷、冷清，细纹才越发明显，我的心好像被触动了一下。

生：作者移情于物，只有清闲、落寞的人才会观察得这么仔细。

生：扫帚留下的丝纹，好像画在地上一样，有一股秋天特有的意味。

"丝纹"一词传神，韵味顿出。学生如同身临其境，不仅重温了"一叶落而知天下秋"的审美体验，而且丰盈了"一条条扫帚的丝纹"这一独特的审美意象，更难得的是，叶落知秋，秋叶不存，唯有感伤，那些"清""静"和"悲凉"都通过这丝丝缕缕的细纹传至心间。眼前的景物少了，秋天的景象却丝毫不减，这何尝不是一种留白的艺术？定格后的意象产生了无穷的审美张力，秋天的意境渐渐开阔了起来：清寒伴随着忧伤，静谧裹挟着悲凉，秋天那特有的韵味渐渐氤氲开去，在身边翻转、在舌尖跳动，在唇齿间留香⋯⋯

定格"丝纹"这一意象，师生受到了秋天清静悲凉意境的激发，自然想到了北国之秋那静谧高远的景象，在这景象映照下又会强烈感受到字里行间传递出来的那股浓浓的秋意。此时，"丝纹"和秋意，宛如一花两朵的并蒂莲，"意""境"并生，互为表里，相得益彰。而它美就美在表达与非表达、表达与反表达等各得其所、恰到好处的语言表达中。此时，故都的秋已经化为作者生命的一部分，自然，独抒性灵，如出心间，韵味无限。那一个个特定的审美意象，富有无穷的审美韵味，引领读者走进那如诗如画的意境，诗意地栖居在文字建构的精神家园里：不仅强烈地感受到"秋天的况味"，还仿佛轻轻触摸到一个沉静而又感伤、孤独而又彷徨的灵魂，在文字的氤氲中一起沉醉和超脱⋯⋯

人类一直向着善、向着美、向着光明上下求索，散文则是美的载体。散文教学与审美感知如影随形，相伴共生：形美以感目，音美以感耳，意美以感心。"它对审美主体的整个身心产生强烈震荡，进而潜移默化地提升人的精神境界和审美能力。"[1] 我们要根据文章的特质，架构起散文教学的审美支

---

① 叶继奋. 文学课堂审美论［M］. 杭州：浙江大学出版社，2016：45.

点，引领学生在语言实践中体验美、欣赏美、创造美，进而挖掘内心对美的渴望、永葆内心的纯真，时时汲取向上的力量，在成长过程中滋养着善良的品性与美丽的心灵。

第六节　审美素养的蓬勃生长

新课程标准强调语文的实践性，重视学生在学习活动中的参与度。为此，老师们设计了不少学习任务让学生在生活、学术情境中理解所读、运用所学、提升素养。而基于语言交际、综合音乐、美术等各学科知识的课本剧展演，是离语文学科本质较近的活动，因而广受追捧。实践表明，这样的语文课也往往是给学生留下印象最深的语文课。

一、高中语文课本剧展演的价值

1. 学习价值：高中语文课本剧展演是一种学习形式

高中语文课本剧展演不同于真正意义上的戏剧表演，它只是一种语文学习形式，学生要完成一定的学习任务。认可这一点，我们就要以语文课堂学习的要求来检视当下高中语文课本剧展演活动。众所周知，一节课的核心要素包括学习目标的设置、目标达成的方法路径、目标达成度的评价等等。具体来说，在教师的指导下，学生自主挖掘语文教材中故事性强、矛盾冲突明显、人物性格鲜明的文本，运用独白、对白、舞蹈、歌唱等戏剧表演的方法，传达对文本内容的理解、对人物形象的把握、对主旨情感的领悟。评价时也要重视文本理解和学生的学习情况，而不能仅仅看表演的热闹。

2. 学科价值：课本剧展演是提升语文素养的重要手段

《普通高中语文课程标准（2017 年版）》（以下简称"课程标准"）明确指出："语文学科核心素养是学生在积极的语言实践活动中积累与构建起来，并在真实的语言运用情境中表现出来的语言能力及其品质；是学生在语文学习中获得的语言知识与语言能力，思维方法与思维品质，情感、态度与价值观的综合体现。"[1] 作为教育戏剧在学科实践的方式之一,高中语文课本剧就是强调在真实的语言运用情境中展现学生的语言能力和思维品质,"让学生在情景设置、角色扮演、即兴表演、主题深化、意义探讨等环节中,通过共同创造的戏剧活动和戏剧实做达到学习目标和教育目的"[2]。学生在文本理解中改编故事,在真实情境中体验生活,在合作交流中创新发展,不仅改变了传统的"师讲生听"的教学方式、活跃了沉闷的课堂气氛,还变革了学习方式,能够在具体的故事情境中学习语言、运用语言、把握主旨、体悟情感,主动参与整个学习过程,更重要的是,还能激发学习兴趣、提升语文素养。

3. 育人价值:课本剧展演是培养学生素养的有效路径

剧作家李婴宁说:"戏剧是需要学生'站起来'、参与进去'做'的;是需要学生发挥想象力、创造力去思辨、质疑、选择的。"[3] 的确,在课本剧创编、展演的过程中,学生们是侦探,以课本为起点寻找蛛丝马迹,再由此追根溯源,发掘故事背后的秘辛;是剧作家,以天马行空的想象修饰原本平淡无奇的故事情节以求扣人心弦;是设计师,将现代流行元素、语言风格、行为方式穿插进历史却不显得突兀;是演说家,用超乎常人的幽默感来化解古文枯燥乏味的尴尬……从剧本创作、角色分配、整体布局、细节推敲到道具购置、后勤安排,他们弄懂了教材文本、体会了世间百态、感受了人情冷暖,也学会了团结、忍耐、谦让、交流、审美、独当一面、默默流泪、暗自努力、照顾多数、协调各方……课本剧让学生养成在情境中思考、在角色中表达的习惯,并且能够将认知转化为行动,在人与人、人与环境的相互沟通中成长成熟。

二、高中语文课本剧展演的问题

基于以上价值判断来考量教学实践中的课本剧展演,我们能看到精彩的

---

[1] 中华人民共和国教育部. 普通高中语文课程标准(2017 年版)[M]. 北京:人民教育出版社,2018:4.

[2] 李婴宁. "教育性戏剧"在中国 [J]. 艺术评论,2013(9):49 - 52.

[3] 李婴宁. 教育戏剧:让课堂"翻转"[J]. 江苏教育,2021(88):21.

展演，也能看到一些不合教学初衷的展演，主要体现在以下几个方面。

1. 开发任性，目标失落

在选材时，往往不紧扣课本内容的重点，而在细枝末节处大做文章，使剧本偏离主题，也就失去了课本剧真正的意义；在编剧上，不注重认真查阅资料，遣词造句不符合人物身份，不符合特定时代要求，甚至会出现常识性的错误；在排演上，为了突出热闹的气氛，说唱舞蹈成分过重，而恰恰课本剧需要着重强调的台词部分偏少，这样就喧宾夺主，丢失了课本剧的内涵。

2. 指导无序，方法失谬

成功的课本剧表演应该是师生共同参与其中的，但现实中我们看到更多的是教师指导的无序性。一类是教师全过程参与，取材选定、剧本撰写、角色安排、道具准备等一手包办，以不放心学生为借口，导致了学生兴趣和信心的丧失；一类是教师放任不管，教师与学生商定课本排演内容后就完全放手让学生编演，学生在编演中遇到难题，教师以尊重学生选择为借口不加指导，导致课本剧展演的有效性缺失。

3. 娱乐展演，过程失控

课本剧表演追求的应该是演员台词能紧扣课本内容且能有所创新，演员动作契合人物形象服务于主题，能做到形神兼备。但在实际表演中，有学生注重的是舞台上忘我的表演，哪种方式更能逗笑观众就用哪种，只注重"我"的在场，而非"课本"的在场；有学生有意将扮演人物穿越到现代，以为像电视里的古装穿越剧一样设置人物情节更能博人眼球；有学生为了达到增加笑点的目的，全然不顾书本中的人物形象身份，常常还会出现矮化人物的台词和动作。

4. 评价随意，方向失当

课程标准指出："评价不仅要关注学生外在的学习结果，更要关注内在的学习品质。注意通过评价引导学生学会学习，自觉提升语文学科核心素养。"[1]

---

① 中华人民共和国教育部. 普通高中语文课程标准（2017 年版）[M]. 北京：人民教育出版社，2018：44.

而在实际操作中，因为课本剧具有活动实践的特点，所以部分教师会将现场表演效果作为唯一的评价方式，教师虽然也会根据课本剧表演的评分量表进行评分，但是更多的是指向结果性评价。此外，对于像涉及文言篇目《鸿门宴》《廉颇蔺相如列传》《屈原列传》等课本剧的改编，教师评价时会更侧重现场表演，而较少关注文言转换为现代汉语是否贴近课本的准确性、是否注重表演的合理性。

三、解决高中语文课本剧展演问题的对策

课程标准把戏剧表演活动放到了非常重要位置，在"当代文化参与""文学阅读与写作""中国现当代作品研习"三个学习任务群的"教学提示"中明确要求组织开展戏剧或话剧表演。可见，课本剧展演是落实新课标新教材的有效方式之一。要在实践中更好地实现课本剧展演的学习价值、学科价值和育人价值，要以语文学习为圆心、素养提升为半径，画好育人的圆形。

1. 强化目标意识，坚守课本剧展演的学习价值

课本剧展演姓"语"，不姓"艺"。正如南京外国语学校高级教师蒋兴超所说，课本剧展演"整个活动立根于语文，用语文知识创作剧本，用语文能力再塑形象，以语用实践提高语文素养，以语文素养反哺语文活动，语文学习是整个活动的主旋律和主基调"[1]。这是高中语文开展课本剧展演的底线原则。因此，在编剧之前，教师就应该和学生明确，课本剧展演需要解决文本中的人物形象是怎样的，原作者的呈现方式、思想情感是什么等一系列基础问题；要和学生强调，语言建构与运用是课本剧展演的落脚点、审美鉴赏与创造是其创新点、思维发展与提升是其能力点、文化理解与传承是其素养点。而音乐、美术、舞蹈、科技等只是辅助，整个展演应该"充盈语文元素，充满语文味道，凸显语文能力"[2]。为此，南菁高级中学以一个闭环路径提醒、指导老师们的教学实践。

---

[1][2] 蒋兴超. 课本剧创演：学习能力的重大攀越［J］. 基础教育课程，2020（19）：41-47.

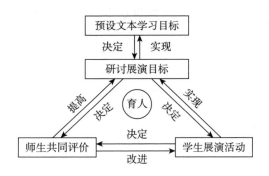

图5　学习目标指引下的课本剧展演教学管理路径图

2. 优化过程指导，丰富课本剧展演的学科价值

课本剧展演鼓励学生从课桌走向讲台甚至是舞台，引领学生从接受知识走向综合运用知识，是一个学习提升的过程。在这个过程中，教师的指导是不可或缺的。比如，如何处理教材文本与剧本创作的关系，舞台语言是否准确恰当，形象再塑的可能性与合理性，等等。南菁高级中学还会邀请戏剧方面的专家给师生做专题讲座，以弥补语文教师在戏剧专业方面的不足，同时也教授了学生戏剧方面的知识，为学生剧本创作、角色扮演、场景布置等做了专业而有效的指导。

在过程指导上，南菁高级中学探索了一套相对完整的体系：（1）专家指导讲座，学生观摩体会；（2）票选展演主题，设计宣传海报；（3）学生编剧编排，教师过程评价；（4）正式展示演出，教师现场点评；（5）学生反思反馈，完成报道感悟。从主题确定、剧本创作、彩排演练到正式展演、新闻报道、撰写体会，都由学生自主完成。这一系列的活动，使学生不仅完成了文本学习任务，还拓宽了学习内容，丰富了他们的学习体验。

3. 深化评价导向，提高课本剧展演的育人价值

教师评价会影响学生的学习行为。在课本剧展演中如果不重视评价，或者评价失当的话，就会给学生展演和学习效果带来困惑甚至误导。课本剧展演应该围绕学习目标，关注到阅读素养、表达水平、思维层级、审美情趣、实践创新等多个维度，不同的维度就是语文核心素养、学生素养的不同层面。只有这些都关注到，才能保证语文课本剧展演始终姓"语"，保证学生核心素

养的扎实落地。南菁高级中学在实践过程中围绕这些维度，设计了如下课本剧展演评价表。

表 6　南菁高级中学课本剧展演评价表

评价维度	评价内容	评价细则	个人评价	小组评价	教师评价
阅读素养（20分）	素材选择	能挖掘语文教材中故事性强、矛盾冲突明显、人物性格鲜明的文本作为剧本素材			
	文本解读	能读懂所选素材，人物形象、矛盾冲突把握合理，文章主旨、作者情感理解到位			
表达水平（30分）	剧本创作	忠实于原著，合理改编，所创剧本脉络清晰，能突显矛盾冲突			
		剧本台词符合人物身份，设计精妙，旁白串联情节效果明显，人物对白有特色，有利于推动情节发展			
		创作与编演过程中能准确理解和分析文本中的主要人物形象并与他们产生情感共鸣			
	舞台表现	演员动作流畅，表情自然，能生动展现剧中人物的形象，言行举止文明高雅，传递正能量			
思维品质（10分）	思维层级	在创作、展演过程中获得直觉思维、形象思维、创造思维的发展，思维的敏捷性、探究性、独创性和批判性得到提升			
审美情趣（20分）	角色扮演	表演自然大方、感情丰富，富有创造，能从服饰、语言、动作、神态等方面塑造鲜活的剧中人物			
	技术运用	PPT制作的背景能契合剧情发展，舞台背景、灯光、音效效果显著			
实践创新（20分）	思想意义	关联社会现实，体现社会主义核心价值观，弘扬主旋律，提倡正能量			
	创新程度	创编剧本在忠实于原著的基础上有特色，体现创新性思维			
评价等级	A（90—100分）	B（80—90分）	C（70—80分）	D（60—70分）	成绩合计		

4. 优化整体设计，实现阅读教学的方式转型

统编版高中语文教材编写以人文主题和学习任务群双线组织单元，在必修上和必修下均设置了"整本书阅读"。虽然课程标准就"整本书阅读与研讨"学习任务群给出了具体的"学习目标与内容"和"教学提示"，但是教师在实际教学中往往缺少有效规划，以学生自主阅读为主、以教师零星讲解为辅，很难达成整本书阅读的学习目标，而课本剧的表演则能达到以演促读、以演促研、以散带整的目的。

南菁高级中学的学生创编的课本剧《笔底乾坤》改编自《史记·屈原贾生列传》和《报任安书》，其表达的主题是择生与择死，编剧创造性地设计了司马迁与屈原的"相遇"，为了入情入理，学生就要深入理解这两篇文章并查找相关资料，这就达到了以演促读的目的。课本剧《鸿门宴传奇》从垓下之战讲起，用倒卷帘的方式再现鸿门宴的历史渊源，揭示项羽失败的根源；《项死而生，籍以为名》以李清照吟诵《夏日绝句》的场景为始，设置"少年项羽""巨鹿之战""鸿门宴""乌江自刎"四幕，以现代社会青年颂扬项羽为终，重在突出英雄项羽真性情的一面。两部剧主题相异，视角不同，取材各异，让观众们将前后内容联系在一起，颇有"互见法"的味道，更利于学生了解全面的项羽，这就达到了以演促研的目的。课本剧《魂兮归来》的主题是赞颂屈原，以现代人祭奠屈原为始，以原创颂歌《屈原赞》为终，穿插《离骚》《涉江》等演诵，整体颇有诗剧味道，与《笔底乾坤》选择的主题不同，表演的形式也不同，演活屈原其人，这就达到了以散带整的目的。如此，完成《史记》的整本书阅读就有了基础和可能。

课本剧展演是落实新课程标准、贯彻新教材理念、转变学生学习方式的有效路径。语文老师们要勇于突破固化、陈旧的教育观念，不断探索课本剧展演的方法技巧，真正让语文课堂成为语文素养培育、学生素养养成的生动现场。

附录　审美课堂教学设计

　　附录收集了一些教学设计，有笔者自己上过的课的教学设计，也有课题组陈彬洁老师的教学设计。涉及小说、散文、诗歌、戏剧等的教学，从2017年到2021年，时间跨度比较长，甚至经历了教材版本的变动，我们也将最初的认识和实践保留了下来。这么做是想通过简单直观的形式，向大家展示江苏省南菁高级中学在审美课堂上实践和探索的原汁原味，以及成长进步。一些设计在课堂实践后，还特别邀请专家进行了点评，希望能给予大家帮助和启示。

《远和近》简案

执教：刘正旭

一、导入

　　很高兴能有机会和大家一起学习语文。在我看来，语文学习要关注两方面能力的提升：一是表达能力，二是思维能力。所以，今天的课，我想请大家和我一起来想，一起来说。

　　今天，我们共同学习美国小说家托马斯·沃尔夫的小说《远和近》。这个标题很简洁，也颇有意味。这节课我们主要就来寻找"远与近"背后的丰富意蕴。

二、文本解读

（一）唤醒

1. 读小说，人物是关键。小说主要涉及几个人物？

三个，两组。火车司机，一对母女。

有一句话很清晰地将"远""近"两部分内容分开来了。是哪一句？

这一天终于来到了。

这一句之前的内容是"远"。之后的就是"近"。

2. 小说中的"远""近"说的是谁和谁之间远、近？

火车司机和一对母女。先是司机在火车上，母女在小屋边，这是"远"。后来，司机到这对母女家寻访，他们有了近距离的接触，这是"近"。

3. 火车上的司机和这对母女一个在火车上，一个在小屋边，最初是什么将如此远的两个人联系起来的呢？

司机鸣笛。母女挥手。

这在小说的第三段，请大家齐读第三段，读完之后用一两个词语说说你的感受。

……

约定？默契？浪漫？

——火车司机"总要拉响汽笛"，这对母女"一听到"便"出来""挥手致意"。后面还提到司机"一看到"母女，就感到"从未有过的非凡幸福"。

除了"非凡幸福"，司机还有其他感受吗？

无限亲切、深深交融。

——因为小屋边的母女二十多年来的坚持挥手致意，远在火车上的司机对母女和她们居住的小屋充满了向往和期待——以我们年轻的眼光看，这背后肯定有一段温馨、浪漫的故事！或者即将发生一段温馨、浪漫的故事！

4. 可是，除了鸣笛和挥手，他们之间还有其他温馨、浪漫的故事吗？

没有。

那，他们之间还有故事吗？

有。

什么样的故事呢？

火车司机退休后来到这对母女家寻访，在近距离接触后，妇女的冷淡甚至敌意，让他感到极度的失望与懊丧。

这在小说的第十二段、第十四段。

请男生读第十二段，女生读第十四段。

（二）沉潜

母女俩的冷淡和敌意让司机感到满腔热忱突遇寒流而深感失望。母女俩为什么对坚持了二十多年挥手致意的司机表现出冷淡和敌意呢？

（学生讨论）

① 她们是向司机挥手致意吗？

② 她们的生活怎样？为什么要挥手致意？

对远方、未来的一种向往，二十多年来始终如一，生活没有变化。

③ 这一切是火车司机的一厢情愿？

5. 司机为什么会表现出这样强烈的一厢情愿？请大家自由朗读第四段和第五段。

司机的工作和生活怎样？

工作单调、乏味，还有危险和悲剧发生。对司机而言，漫长的旅途、孤独的车厢，寂寞是不言而喻的。有评论说，火车是现代工业的典范，按部就班，操作规范，与其说是人操控着火车，还不如说人被火车牢牢控制。

所以火车司机急需在现实世界中找到慰藉，找到自己存在的价值。正是在这样的情况下，"那两个妇女用勇敢从容的动作向他挥手致意的景象，始终印在他的心里"，在司机看来，母女俩和她们挥手致意的行为才有了象征意味，所以司机才会越发感到亲切，甚至觉得和那对母女无限亲切、深深交融在一起。

6. 对司机而言，他希望寻求慰藉和找到价值，所以他满怀憧憬地来到了母女俩的小屋里。在接近小屋之前，他却有了迷惑与慌乱之感。可以说他是犹疑着走进小屋的。对母女俩而言，铁路意味着远方和未来，当司机带着憧憬到来的时候，她们也表现出了畏怯和迟钝。

这是小说中人物的表现，也是作者思想的真实反映。这篇小说创作于 19 世纪 20 年代，当时美国文坛流行着"迷惘的一代"的流派。他们有许多美好的愿望，善良的激情。面对现实，他们深深感到"拯救世界民主"的口号不过是当初美国政府用来迷惑自己为战争卖命的虚伪幌子，深知上当受骗，美好的理想化为泡影，心灵深处也受到无法医治的创伤。大战结束后，他们不再相信什么政治、法令，但又找不到新的可靠的精神支柱，因而悲观、失望、忧虑，处于一种迷茫、彷徨的精神状态之中。

正因如此，司机和母女才会有这样的表现。特别是司机，表现出了失望甚至是绝望。

三、问题探究（迁移）

1. 齐读文章最后一段。

2. 请结合对小说人物形象和主旨的欣赏、理解，谈谈你对文章最后一句话的理解。

（学生讨论、展示）

司机的浪漫和幸福、大胆和热情，主要源于自己内心对至善至美的追求——他已经老了，但潜意识里希望女人依旧年轻；自己是不速之客，却希望女人与自己心有灵犀、一见如故；他想让未曾许诺过的关爱，不曾沟通过的情感一一兑现；当这些都不复存在时，他断然否定了当初所拥有的一切。

其实，人的生命体验是生命过程中重要的组成部分。人应当珍惜曾经拥有过的真实体验，因为那是心灵的财富。也许它只是一种美好的愿望，是虚妄的，但这些幻想所带来的温暖、快乐和力量是真真切切能感受到的。回望自己走过的路，细细清点生命中的每一份感动、每一丝温暖、每一声欢笑、每一份快乐、每一次来自心底的悸动，我们就是充实的、幸福的！

四、布置作业

1. 写一个片段，设想这对母女的真实的生活情境。

2. 远和近的感觉是因时、因地、因人而异的。写一个片段，谈谈你对远和近的理解。

《远和近》教学反思

刘正旭

　　《远和近》是苏教版语文读本必修二"意蕴隽永"板块的一篇小说。小说情节很简单，说的是火车司机几十年驾驶列车，每天经过一个小镇，小镇郊外朝他挥手的母女给他单调的工作带来了莫大的安慰；当他退休后想找那对母女畅谈，却发现当初的所有质朴热情都变成了庸俗、残酷和冷漠，火车司机陷入了深深的失望中。作者托马斯·沃尔夫在小说中向我们展示了一个充满矛盾与对立的世界：远与近、理想与现实、失望与希望……

　　关注学生的思维能力培养和表达能力培养两个方面，这是我一直以来在我的语文课堂上所努力坚持的。首先，我所理解的思维能力的培养是养成学生思考的习惯，所以，在课堂上，我愿意给学生思考的时间和空间；其次，思维能力的培养是培养学生联想和想象的能力，在我的观念里，这是最基本的语文思维方式。我所理解的表达能力的培养，是课堂上学生能有更多的机会表达，并且是规范地表达。规范的要求有二点，一是所说基于文本，二是所说符合章法。学生最终随着自身的成长变得成熟，走向智慧地表达。

　　对大多数同学而言，对这篇小说的理解还是有一定难度的，所以，在考虑《远和近》教学的时候，我下意识地就抓住了思维和表达这两个点，围绕小说的丰厚意蕴，和学生一起想、一起说，一起合理地想、规范地说。

　　学生能理解的就提示着说。为了便于理解，教学一开始，首先，我就想通过抓关键句（"这一天终于来到了"）的方式将全文分成两大板块，之前一块是"远"的部分，之后一块就是"近"的部分。然后提示学生，找出相隔较远时，双方的联结纽带（司机鸣笛、母女挥手）。接下来就基本以对话的方式展开教学，主要探讨司机的感受，为司机近距离和这对母女接触蓄足势。在处理这部分的时候，我主要以提示、引导学生品读关键句的方式来推进。这是语文学习，也是理解文本的最基本的方法。学生通过司机的"总要"和母女的"一……便……"感知其中的默契，通过司机"非凡幸福""无限亲切""深深交融"的感受理解司机的普通人生活和情感需求——正是因为小屋边母女二十多年来的坚持挥手致意，慰藉了远在火车上的司机的心灵，他才对母女俩和她们居住的小屋充满了向往和期待。叶圣陶先生在《教材、教法和教学效率》一书中指出，"阅读有时候不止于要了解大意，还要领会那话中的话，字里行间的话——也就是言外之意，不能读得太快，得仔细吟味；这就是更需要咬文嚼字的功夫"。所以，在语文教育活动中，有效地组织学生进行言语的实践，才可能真正实现语文的教育目标。

学生难理解的暂且就讨论后说。如果说司机的行为表现还相对好理解的话，那么这对母女表现的前后变化就比较难理解。因此，处理这一部分内容的时候，我更多地引入了学生间的相互讨论和启发，试图在师生互动、生生互动中，逐渐走进文本的深处。母女俩为什么对坚持了二十多年挥手致意的司机表现出冷淡和敌意呢？以此引导学生填补小说留下的空白。我设计了这样三个问题：① 她们是向司机挥手致意吗？② 她们的生活是怎样的？为什么要挥手致意呢？③ 这一切是火车司机的一厢情愿吗？让学生基于文本、联系生活展开联想和想象，以此培养学生的思维。

学生不能理解的就直接告诉学生。对司机而言，他希望找到慰藉和价值，所以他满怀憧憬到了母女俩的小屋。但是在接近小屋之前，他却有了迷惑与慌乱之感。可以说他是犹疑着走进小屋的。对母女俩而言，铁路意味着远方和未来，当司机带着憧憬到来的时候，她们也表现出了畏怯和迟钝。这是小说中人物的表现，也是作者思想的真实反映。这篇小说创作于 19 世纪 20 年代，当时美国文坛流行着"迷惘的一代"的流派。他们有许多美好的愿望，善良的激情。面对现实，他们深深感到"拯救世界民主"的口号不过是当初美国政府用来迷惑自己为战争卖命的虚伪幌子，深知上当受骗，美好的理想化为泡影，心灵深处受到无法医治的创伤。大战结束后，他们不再相信什么政治、法令，但又找不到新的可靠的精神支柱，因而悲观、失望、忧虑，处于一种迷茫、彷徨的精神状态之中。

交流至此，学生把握住了小说的主要内容，但"远和近"的丰富意蕴还是没有完全彰显。于是，我又设计了问题：如果司机还有机会再开一次火车，走到小镇附近时，他还会鸣笛吗？那对母女还会出来挥手致意吗？——让学生理解，从远到近的过程中，我们感受到青春变成衰老、希望变成失望、美好变成残酷、熟悉变成陌生、自信变成疑虑、理想变成虚无，等等，让学生懂得，自然产生距离产生美，美是不可触摸的哲学思考，这里的"远和近"有空间的、有时间的、有情感的、有理想和现实的等丰富意蕴。

解读文本，我们要透过语言探寻作者的思想认识，还要能够正确评价作者的思想认识。托马斯·沃尔夫在文中表达了极度失落的消极情绪。这对处于人生观、世界观形成时期的孩子来说，话题则相对沉重了些。作为教师，我们有义务引导孩子们树立正面积极的观念。所以我又设计了一个讨论活动，即结合小说的文体特点，让学生结合对小说人物形象和主旨的欣赏、理解，讨论对小说最后一段的理解。让学生意识到火车司机的观点有一定局限性，在新时期，我们应该朝着梦想的方向不断努力。

每个老师都会有自己的教育理解和教学追求。在不同观念的指引下，自然会有不同的教学设计。但学生主体地位、学生能力提升应该是共同的价值追求；品味语言、揣摩文字背后的意味应该是基本路径；丰富认知、形成思想是理想结果。

教学，总是一门遗憾的艺术。在操作上，我也感到有一些可以做得更好的地方。比如，对于语文课，学生的读还可以更充分一些，学生的思考、表达还可以更宽泛一些，囿于时间限制，这些都没有能很好地实现。

在思维和表达中达成

——刘正旭老师执教的《远与近》这节课的简评

江苏省特级教师 朱焕

中学生接触的小说作品主要有四个类型。

一是体现传统小说特色的，主旨深远，人物形象鲜明，故事生动，描写细腻，情节富有变化，如汪曾祺的《侯银匠》一类。

二是长篇小说节选，通过某一片段，有时是一个瞬间，有时是一个场景，来表现生活。人物形象往往类似于照相上的特写镜头，多为一种展现。笔力特别集中、描写特别精细，因为是节选，情节上并无多大起伏。如《林黛玉进贾府》，又如选自《安娜·卡列尼娜》的《安娜之死》，主要描写的就是安娜卧轨之前复杂矛盾的心理活动。

三是侧重反映平凡的生活、刻画底层的民众形象，主人公多为小人物，有的连姓名都没有。对人物的描写以白描手法居多，虽也有肖像、心理、动作、语言等描写，但不做过多展开，而重在简笔勾勒人物，有时小说甚至类似一幅漫画。这类作品叙述缓慢，淡化情节，不讲究情节的变化，没有太强的故事性，有时甚至连所谓的故事的高潮都没有，从而有助于形成作品的抒情风格。行文却舒展自如，波澜不惊，有时会让人产生疑虑，这是小说吗？因为它也像散文，说它是写人叙事类散文也讲得通。如高考取材用到的《邮差先生》等。虽然记叙的人和事距离我们比较遥远，但平平淡淡的生活态度让人感觉亲切、自然。小说没有惊心动魄的故事情节，写的不过是邮差先生送信时悠然自得的心态，以及他对所有认识、不认识的写信人和收信人的热心体贴、尽职尽责，读后让人心头一热，而作者对邮差先生的赞叹之情也就在这平淡的叙述中清晰地传达出来。

四是微型小说，或被称为小小说。正如选修教材中所讲，微型小说独特的审美特征体现在艺术节奏上。叙述节奏或舒缓，或急骤，或跌宕起伏，别有风范，韵味独具。常以某一具有深刻内蕴或象征意义的人、事、景为叙述对象，通过多种手法形成空白点和未定点，给读者的想象留下广阔的空间，使读者在探寻式的阅读中获得心智的愉悦，享受顿悟的快感。

《远和近》就是一篇兼有以上第三类和第四类特点的小说，文体上归属到小说和散文都说得通，如果说是小说，那它又是一篇微型小说，而且是一篇外国小说，"理"趣的成分还比较多。

很佩服刘老师的胆识，他富有挑战性地选择这篇文章，带给我们很多审美的愉悦，也促使我们进行更多的思考。

一、纲与目的有机结合，精巧的切入，课堂教学结构的整体优化

文学作品，可讲的东西有很多，体现文本核心价值的内容才是最有价值的。把握准文本的核心价值，选择好语文课堂教学的核心价值，并使两者能完美地结合在一起，是语文学科课堂教学的一个永恒的话题。

刘老师这节课的教学定位，显示了他的教学智慧。他没有选择将探究人物形象的象征意义作为重点，也没有选择将文章表达方法的特点作为重点，如前后两部分是如何对比描写的，第一段优美的环境描写对表达主题的作用，文章中母女二人对刻画司机这个人物形象的意义等等，而是开宗明义，一上来就告诉学生：语文学习要关注两方面能力的提升，一是思维能力，二是表达能力。老师和同学们一起来想，一起来说，主要任务就是探究文本"远与近"背后的丰富意蕴。

这段话明确了两点：一是探究远和近的丰富意蕴，二是达到这个目标所需要的路径和方法，即师生一起"想"、一起"说"。聚焦到提升学生的探究能力之上，这样的教学定位是恰当的、精准的，也是有价值的。

这节课的切入角度也是值得称赞的。在教学实践中，我们常常思考一个问题，即结构和拉动一节课教与学诸多环节有效有序进行的密码究竟是什么？也就是说一节课科学、有效的切入口究竟在哪里？

作者的行文思路是课堂教学环节的主要依据吗？作者的行文思路，行文的先后顺序是他表达自己思想的需要，写的路子与读的路子并不相同。

自我阅读的过程是课堂教学环节的主要依据吗？自我阅读多半是了解式

的，并不带有多少功利目的，与教学双方合在一起的课堂教学并不是一码事。自我阅读常常不会考虑阅读从哪里切入的问题。

课堂阅读教学的切入，要兼顾教与学双方的需要。就教者而言，他是先阅读而且不止一次阅读过文本的人，他知道从哪里发问，能从整体上有效拉动一节课的教学。就学生而言，在教师的指引下，有了很好的阅读和思考的角度，能更多地从文本中获得什么，即学生的"获得感"会更强烈。

刘老师这节课十分注意优化课堂教学结构，他提的第一个问题是：

小说中有一句话很清晰地将"远""近"两部分内容分开来了。这一句之前的内容是"远"。之后的就是"近"。是哪一句呢？学生明白是第八段的第一句：这一天终于来到了。

这是怎样的"这一天"？"终于"包含了人物怎样的情感？这一天来到之前是怎样的情景？这一天来到之后有怎样的变化？这一天前后的变化合理吗？"这一天"与文章的标题"远和近"有怎样的内在联系？"这一天终于到来了"的深刻意蕴是什么？

这个切入口实在精妙，妙不可言。一节课师与生一起"想"和"说"的闸门就此打开。

虽然很多内容在课堂教学中不一定一一能得到处理，但是不要紧，学生会自己去想的，这就好比一颗石子投入水中，激起的波纹不会立即停止。所以我们才说，好的课堂切入，能拉动整节课教与学双方的所有活动，是一节课的"骨架"。

二、在"问"中提升学生的思维能力和表达能力

刘老师在这节课的教学环节中是很讲究"问"的艺术的。

（一）比较突出的一点是层层追问和快节奏的逼问

层层追问是指围绕相关内容，从不同的层面设问，一环套一环地问下来，讲究是的思维的密度和思维角度的转换。问题与问题之间有联系，有梯度，有加深，有拓展。只有追问足够，才能把文本的内涵弄清楚，弄明白。追问的问题是成串的，思维是相对严谨的，相对有整体感的。

逼问，是挤压式的问，有的问题看似没法回答了，但是我们仔细地想一想，使劲地想一想，居然有眉目了，居然豁然开朗了。

在这样的追问和逼问中，课堂教学中的阅读就不是一般意义上所说的轻松，而是要用脑力去思考了，是高速紧张的劳动。事实上，我们语文所讲的阅读尤其是课堂教学中的阅读从来都不是休闲式的，从来都是精读、深读。

在这样的追问和逼问中，思维的角度多了，思维的层次多了，思维的品质提高了，思维向前推进了。一层一层地追问下去，问题的答案就出来了，学生的思维能力最终就能得到较大的提升。

比如有这样一组问题串：二十多年来，一看到小屋和每天向他挥手致意的母女，司机就有什么感受？

学生说：司机就感到"从未有过的非凡幸福"。

教师接着问：除了"非凡幸福"，司机还有其他感受吗？

学生明确：这位司机感到"非凡幸福""无限亲切""深深交融"。

教师又问：司机为什么会有这样的感受？

学生回答：他每天过那种提心吊胆的日子，他的生活缺少一种东西，所以他一看到母女的动作就感到了满足，他需要安慰。

教师追问：双方的这两个动作，我们看了以后有什么感受？

通过研读交流，师生双方明确：我们感到了有一种**心照不宣**，二十多年来始终如一。双方之间好像有一个约定，有一种**默契**，并且这种默契坚持了二十多年。

我们常常感叹学生对文本尤其是有一定深度的文本的解读，缺少准确性、深刻性的理解，总是理解不到位，总是回答得太浅。这实际上反映出常态课的教学中教师对提升学生思维品质的重视程度不够，教学力度不够，对学生的思维训练也远远不够。

有时候我们总是感到学生对材料作文的材料理解得不深刻，立意比较肤浅，还有的同学的思维甚至出现了偏差。原因之一，就在于学生在阅读理解材料时，没有做到连珠炮般的追问，没有气势逼人的逼问，所以思维的品质上不去，作文的立意就不能很准确、有深度，更说不上有新意。

（二）一定要认真读书，认真思考，才能回答

刘老师通过问题引导学生仔细阅读文本、深入研究文本。学生不仔细读书，不认真思考，就没法回答他的问题。

仍以刚才问题串中的一个问题为例：司机为什么会有这样的感受？为什么"幸福"前还要加上"非凡"两个字，变成"非凡幸福"；为什么"亲切"前还要再加上两个字"无限"，变成"无限亲切"；为什么"交融"前还要再加上两个字"深深"，变成"深深交融"？

刘老师明明白白地告诉学生：读文章就应该抓住这些关键词句，多做些揣摩，才能透过字面含义，了解文本深层次的东西。

刘老师向学生回答问题也明确地提出了规范的要求，并不止步于一问一答这个教学流程本身。如，刘老师对学生的言传身教在回答问题的过程中也有充分的体现。

（三）讲究"问"的变化，讲究"问"的技巧

有的"问"是他预设的，事先做了充分准备。

比如：如果司机还有机会再开一次火车，走到小镇附近时，他还会鸣笛吗？那对母女还会出来挥手致意吗？

有的"问"则是教学中的动态生成，从学生的发言中"拎"出来。

这种生成是随机的，也是纯真的。比如，当学生在发言中说司机退休之后，去找那对母女，和她们交流，在交流过程中发现，他和她们的距离非常的远，也就是说，他们的心理距离由近变远，物理距离由远变近。刘老师敏锐地生成了一个问题：你说他的心理距离由近变远，在小说里有怎样的表现呢？

有的"问"则是来自学生的思考，让其他学生讨论该学生提出的问题。

刘老师发现在学生自读课文的过程中，有个学生发现了一个问题。他指名该学生把自己的问题告诉大家：

一开始，这对母女每天还和司机招手，但司机来到她家后，她们的态度变化也太快了！应该不至于啊？

这对母女为什么从开始的致意变成后来的敌意呢？

经过讨论，有的学生认为，司机是在列车上的，所以，母女挥手致意不一定是朝司机挥手，可能是列车或者其他司机。这对母女之前并不认识这个司机。

也有的学生说，是不是在这个母亲的生活中曾经和一个人有个约定，这个人应该是会坐这趟列车回来。所以她每天都带着希望在等待这个人回来，每次有列车经过的时候，她就挥手致意。向列车上她心目中的那个人发出一个信号，告诉对方提示对方，我们在这。

老师也参加了讨论，这对母女作为人的角度讲，有对于未来、对于美好、对于幸福的渴望。火车代表了一种先进的生产生活方式，她们可能不是向某一个人在招手，而是向火车，向代表着幸福生活的火车，或者火车驶向的远方在招手。

大家各抒己见，课堂气氛十分活跃，教学效果超出了预期。

三、充满浓郁的审美情趣，将课题研究活化到课堂教学之中

南菁高级中学有一个全省唯一的基地——江苏省美育课程基地。学校要求，要将审美教育和美感教育与学科具体教学有机结合起来，让学生结合具体的文本陶冶情操，让学生在美的体验中成就未来。

基层学校做课题研究，常见的毛病是水是水、油是油。课题研究归研究，课堂教学归课堂教学，两者不容易找到结合点，或者说课题研究的目的往往不是引领育人与学科教学的方向，或解决教学实践中的问题，而仅为做课题而做课题，课题研究仅在于课题本身。刘老师这节课中对美育如何在语文学科小说教学中的结合与渗透做了很好的探索，将课题研究活化到具体的教学环节之中，活化到通过学科教学对学生进行审美熏陶的过程之中，活化到对人生、对生活、对生命的认知之中，并取得了比较明显的效果。

这里，有三个环节特别值得一提。

第一个环节：让学生从阅读理解中获得一种极有价值的审美愉悦。

刘老师告诉学生，读一篇作品的时候，不能仅仅读出作者想要告诉我们的内容，还要能够站得更高一点，走得更远一点，阐述我对这个问题有什么

看法。他要求学生进行问题探究：请结合对小说人物形象和主旨的欣赏、理解，谈谈你对文章最后一句话的理解。也就是说，你怎么看待作者在文章当中体现出来的消极情绪？

学生在发言中说，不支持火车司机最后的消极态度，认为他去拜访那对母女的时候产生的懊恼的情绪，应该和之前挥手致意的情绪分割开来。他不应该放弃之前二十多年跟他挥手致意的美好情意。还援引自己刚看的一本小说中的内容，太阳是远的，但是我们应该拥有太阳。我们在见证现实的残酷的同时也应能看到梦想的美好，但是不能因为现实的残酷而放弃梦想，因为梦想是指引我们去改变现实的。

这样的教学环节是语文教学的，也是课题研究的，或者说是课题研究的物化表现。

第二个环节：与学生一起分享阅读之后的审美愉悦。

对于司机这个形象，在学生分析了之后，刘老师和学生分享了自己的想法。

他认为司机的浪漫和幸福、大胆和热情，主要源于自己内心对至善至美的追求——他已经老了，但潜意识里希望女人依旧年轻；自己是不速之客，却希望女人与自己心有灵犀、一见如故；他想让未曾许诺过的关爱，不曾沟通过的情感一一兑现；当这些都不复存在时，他断然否定了当初所拥有的一切。

我们关注到，每当课堂教学中，教师以参与者的身份谈自己的阅读体验时，学生总是兴趣盎然的。教师是喜悦的，学生也是喜悦的。教与学双方融为一个整体，教师不应总是以评判者、检查者的面貌出现，他更多的是一个先学者，一个引路者，一个特殊的读者。这是一种全新的课堂教学生态环境，闪烁着语文学科课堂教学审美的光芒。

第三个环节：通过感悟主旨，把学生带到生命的远与近交错的境界中，这是一种审美价值的提升。

刘老师在最后带有小结性的一段话，是很有教育意义的。这段话是：

其实，人的生命体验是生命过程中重要的组成部分。人应当珍惜曾经拥有过的真实体验，因为那是心灵的财富。也许它只是一种美好的愿望，是虚妄的，但这些幻想所带来的温暖、快乐和力量是真真切切能感受到的。回望自己走过的路，细细清点生命中的每一份感动、每一丝温暖、每一声欢笑、每一份快乐、每一次来自心底的悸动，我们就是充实的、幸福的！

尽管在这段路途中，我们可能会遇到一些困难、挫折，感到失望、懊丧等等，但是我们不应该对曾经拥有过的理想失去信心，去怀疑，去否定。这就是我们作为读者在读了文章之后应该持有的高度。

他还告诉学生，阅读小说，不光要关注小说的情节，不光要理解作者在小说里反映的内容，还要想一想，自己对小说反映的内容应该持什么态度。

这样的教学环节让审美教育在课堂中散发出浓郁的芬芳。

一枝一叶总关情

——"感悟自然"类散文的景趣、情趣和理趣

执教　刘正旭

选文：朱自清《荷塘月色》

郁达夫《江南的冬景》

徐志摩《翡冷翠山居闲话》

课前学习：

1. 细细揣摩三篇文章的题意、文意及题意与文意的关系。

2. 分别品读三篇文章的第一段，了解文章的大体风格或特点。

3. 分别品读三篇文章的最后一段，体悟作者的情感。

4. 在自然与人的关系上，有人根据两者的契合度，做了如下的划分：偏向感性的契合、偏向知性的契合和偏向理性的契合。请分析三篇文章在自然景物与人的关系上的相异之处。

谈话导入：

大家喜欢读感悟自然类的散文吗？

——喜欢。（为什么？）

——不喜欢。（为什么？）

根据我对自己学生的观察，细腻、敏感，对美有自己的理解和追求，是喜欢这类文字的同学的共同特点。而不喜欢的同学往往不拘细节，也往往因此忽略了身边让我们感动的东西，缺少了感动和体悟的生活。在我看来，有点遗憾。

事实上，大自然不仅是美的源泉也是趣的源泉。观大地草木，青葱苍郁；看天空浮云，悠游自在。赏朝晖夕阴，千岁如画；听鸟语虫鸣，万古琴音……今天，我们一起感悟三位作家用文字表现的大自然的美和趣。

一、温故而知新（唤醒）

1. 请同学们迅速浏览《荷塘月色》《江南的冬景》，根据以下提示回忆文

章的主要内容及主要特色。

（1）题意、文意及题意与文意的关系。

（2）关注文章的第一段、最后一段，了解文章的大体风格或特点，体悟作者的情感。

（将全班同学分成两组，指定每组思考一篇）

《荷塘月色》题目就是文章内容，文章主要描写了"月色下的荷塘"及"荷塘上的月色"。文章第一段首先点明"不宁静"的心境，然后因此而"带上门出去"，之后才有了美丽而朦胧的荷塘月色。文章最后一段，"这令我到底惦着江南了"隐约交代了"不宁静"的原因。

（① 这几天心里颇不宁静。② 我爱热闹，也爱冷静；爱群居，也爱独处。③ 但热闹是他们的，我什么也没有。④ 可惜我们早已无福消受了。⑤ 这令我到底惦着江南了。）

《江南的冬景》题目"冬景"概括了文章的写作对象，其实也暗示了写作方法（对比）。第一段宕开一笔，从北国的冬天写起，突出北国冬天人们"蛰居"的特点。主体部分通过比较和叙述，写出江南冬景的含蓄生气、可爱、明朗等特点。最后一段写感受，表达作者对江南冬景的喜爱。

（北国的冬天、南国的长春、德国的冬天**比较**）

这是整体把握文章的有效方法。

2. 从写景的角度分析两篇文章的相异之处。

明确：《荷塘月色》形象描写多，字里行间充满着真切的景趣（对自然景物的描绘）；《江南的冬景》主观叙述多，作者笔端流淌着浓郁的情趣（借景物抒发的情感）。

二、比读中领悟（沉潜）

1. 大家对朱自清先生的《荷塘月色》都已经很熟悉了。月色下素雅的荷塘、荷塘上朦胧的月色、月色中清幽的杨柳，几乎成了每一个清华人心中永远的骄傲。以月光下的荷塘为例，朱自清先生是如何描述的呢？请大家齐读（投影）。

曲曲折折的荷塘上面，弥望的是田田的叶子。叶子出水很高，像亭亭的舞女的裙。层层的叶子中间，零星地点缀着些白花，有袅娜地开着的，有羞涩地打着朵儿的；正如一粒粒的明珠，又如碧天里的星星，又如刚出浴的美人。微风过处，送来缕缕清香，仿佛远处高楼上渺茫的歌声似的。这时候叶子与花也有一丝的颤动，像闪电般，霎时传过荷塘的那边去了。叶子本是肩并肩密密地挨着，这便宛然有了一道凝碧的波痕。叶子底下是脉脉的流水，遮住了，不能见一些颜色；而叶子却更见风致了。

提示：大家思考这个问题的时候，可以将原文和加点字删除后的进行比较。

（学生回答）

明确：朱自清先生运用了比喻、拟人等手法写得更生动、更形象，作者的情感也自然地流露出来了——作者在"颇不宁静"的心境下，走出家门，在静谧的荷塘里找到了暂时的宁静！

同学们，客观地写真实的景，或许也美，但终究不能打动人，不能给人留下深刻印象，更谈不上趣味。真正的景趣就在于对自然的描绘，当自然以我们陌生的形态"闯"入我们眼帘的时候，我们才会觉得有意思、有趣味。

换言之"见山只是山，见水只是水"的客观描述，只能是自然感受的开始，而"见山不只山，见水不只水"的主观情绪渗透，也即"以我观物，物皆着我之色彩"，才是自然感悟的深化。

2. 郁达夫在《江南的冬景》一文中就描绘出一幅融客观景物和主观情感于一体的江南暖冬的水墨画。（投影）

江南河港交流，且又地濒大海，湖沼特多，故空气里时含水分；到得冬天，不时也会下着微雨，而这微雨寒村里的冬霖景象，又是一种说不出的悠闲境界。你试想想，秋收过后，河流边三五人家会聚在一个小村子里，门对长桥，窗临远阜，这中间又多是树枝槎桠的杂木树林；在这一幅冬日农村的图上，再洒上一层细得同粉也似的白雨，加上一层淡得几不成墨的背景，你说够不够悠闲？若再要点些景致进去，则门前可以泊一只乌篷小船，茅屋里可以添几个喧哗的酒客，天垂暮了，还可以加一味红黄，在茅屋窗中画上一圈暗示着灯光的月晕。人到了这一境界，自然会胸襟洒脱起来，终至于得失俱亡，死生不同了；我们总该还记得唐朝那位诗人做的"暮雨潇潇江上村"的一首绝句罢？诗人到此，连对绿林豪客都客气起来了，这不是江南冬景的迷人又是什么？

指名朗读。这和《荷塘月色》中的景物描写有什么不同？

明确：描写真实情境的文字少，想象的文字多，叙述的文字多（解说＋解析）。郁达夫先生对江南冬景的悠闲意境的营造过程就是一幅水墨画的形成过程——这种写法让我们眼前一亮。

加点的字是不是在写景？能不能删去？

不是写景。不能删去，同样传递出悠闲的意境。这里有一个故事。

涉尝过九江，至皖口，遇盗，问："何人？"从者曰："李博士（涉曾任太学博士）也。"其豪酋曰："若是李涉博士，不用剽夺，久闻诗名，愿题一篇足矣。"涉赠一绝云。

《井栏砂宿遇夜客》：暮雨潇潇江上村，绿林豪客夜知闻。他时不用逃名姓，世上如今半是君。

《江南的冬景》中主观情绪的渗透还使得行文更具备故事性和趣味性——同学们若是读到这样的文字，怕是让你不喜欢也是不愿意的。

这样的文字在文中随处可见，江南冬景的"可爱""明朗的情调"呼之欲出，作者的喜爱之情也跃然纸上。（熟悉郁达夫的同学能了解这篇文章其实也一扫郁达夫先生散文的忧郁、寂寥甚或颓废的惯常风格，显出明亮温暖的格调。）江南的冬景以其特有的色香形声，让作者和读者都感受到了情感上的愉悦！

作者借优美宁静的荷塘传达出自己在荷香月色的世界里暂得宁静，蛙声、蝉声又将他拉回不宁静的现实；后文还借热闹的《采莲赋》中的江南采莲场景传达出对自由世界的向往，一句"可惜我们早已无福消受了"又回到现实生活中的"不宁静"；借《西洲曲》中的采莲画面，传达出自己想获宁静而不得的痛苦。

如果我们阅读感悟自然类散文，只注意到纯自然景物的客观描写，就会觉得索然无味，因为它和我们看课本中的插图，没有太大区别；而如果我们关注到景物的描写方法和所描写的景物特征，就会发现这些景物背后都站着一个活生生的人，有着或喜或悲、或浓或淡的脉脉情意！这就是趣之所在了。

3. 和朱自清、郁达夫同时代的徐志摩先生也是一个文字高手。请大家自由阅读文章，看看《翡冷翠山居闲话》写了什么？和《荷塘月色》《江南的冬景》有何不同？

文章第一段从果实、阳光、空气的角度向读者呈现了"山居"的环境及其特点。

第二段从穿着打扮入手，告诉我们在这样的环境中可以追求身体的自由。

第三段、第四段则告诉我们"不约同行者"，可以得到精神灵魂的自由。

第五段感悟到"自然是最伟大的一部书"，它能给人以帮助和启迪，表达了作者对大自然的赞美之情。

《翡冷翠山居闲话》没有像《荷塘月色》那样对环境做具体细致的描绘，也没有像《江南的冬景》那样比较和叙述，其涉及的景物只在第一段（关注用词），文章的主题部分都是作者冥想中的闲话，闲话中流露出哲思，相对景趣、情趣，这篇文章更富有理趣（景物中了悟的哲理）。

很显然，在《翡冷翠山居闲话》里清晰地有着徐志摩的情绪流露，你读到的是怎样一个活生生的徐志摩？

从情感上看，真实纯粹（裸体的小孩）。

从思想上看，对身体自由和心灵自由的追寻。

读到这里，阅读就很有意思了——我们联想到徐志摩的为人。都说徐志摩是浪漫而热烈的诗人，在爱情上表现得极为突出。父母之命、媒妁之言，娶了名门闺秀张幼仪；相遇剑桥、同窗知音，爱恋一代才女林徽因；伴随诗人、漫游欧美，结识社交名流陆小曼……英年早逝的徐志摩的生命被热爱他的三位女性以不同的方式延续：张幼仪侍奉公公、抚养儿子；林徽因捡拾飞机碎片珍藏到去世，提议设置志摩奖金鼓励文学青年；陆小曼终身着素服，绝足社交场所。这就是徐志摩的浪漫爱情，体现了他的人格魅力以及敢于打破礼教条框的束缚，追求自由与爱情！

这样看来，山居闲话在话环境之外，更多地表现了徐志摩的感悟。对读者而言，在徐志摩的感悟中，我们还看到了一个人！因此，感悟自然散文的又一境界是"见山不是山，见水不是水"的主观呈现。

三、总结与提升（迁移）

朱光潜先生将欣赏自然美分成三个层次：

一是"爱微风以其凉爽，爱花以其气香色美，爱鸟声泉水以其对于听官愉快，爱青天碧水以其对视官愉快"，正如朱自清先生因荷塘和月色的宁静而喜欢荷塘，因采莲的自由而向往采莲的生活。

二是"起于情趣的默契忻合"，就像郁达夫先生冬天在江南得到的温暖与安逸。

三是"把大自然全体看作神灵的表现，在其中看出不可思议的妙谛"，就是徐志摩先生在翡冷翠感悟到的对身体自由和心灵自由的追寻。

当然，这三个层次无高下之分，区别只在于景、情、思是否与作者其人其情契合。契合者，都可谓之佳作！阅读感悟自然类的散文，要认真涵泳、咂摸、品味其"兴味"，透过文章的阅读，看到文章背后站着的活生生的人，真正品味出"一切景语皆情语"，品悟出"景语"与情感思想的关系进而品味作者情趣丰富的人生，如此，才能走向阅读的本质；如此，才能体会到阅读的乐趣。

	描写	景趣	见山只是山，见水只是水	境余于意
感悟自然	叙述	情趣	见山不只山，见水不只水	意余于境
	冥想	理趣	见山不是山，见水不是水	意境两浑

思考： 朱自清在月下荷塘，暂时摆脱尘世的烦恼，找到了自由的感觉、独处的妙处；徐志摩在翡冷翠山中摆脱世俗的羁绊，感悟作客山中的妙处，获得身心的自由。这似乎都在告诉我们：要追求诗意般的生活和自由的感觉，就必须远离现实，回归自然。而我们每个人都要面对现实，都不可能永远脱

离现实。那么，我们是不是都只能处在苦恼之中，无法自拔？请说说你的理解。

（明月清风不在眼前，而在心中；奇崛瑰丽无关山川，而关乎人生！——培养一颗诗意的心！）

同学们，天地万物逆旅，光阴百代过客，自然亘古长存。愿我们都有一颗欣赏自然的美丽、学习自然的智慧、领悟自然的启迪敏感的心！

建议阅读：奥尔多·利奥波德《像山那样思考》、刘亮程《寒风吹彻》、庞培《森林与河流》。

《长亭送别》教学设计

执教 陈彬洁

一、学情分析

《长亭送别》是经典元杂剧《西厢记》第四本第三折，是中国古典戏剧的经典代表作，也是学生第一次接触的古典戏剧。经过第一课时的学习，学生对《西厢记》的故事情节和古典戏剧剧本的相关文化常识已经有所了解，为进一步研读文本打下基础。此外，学生经过高一学年的语文学习，掌握了品读古典诗词的基本方法，对诗化的曲词有一定的审美基础和能力。

但是，学生的审美体验还是偏向感性印象，需要进一步研读文本、品读优美的曲词背后丰富而复杂的人物内心世界，从而走向更理性的思考，获得深层次的审美愉悦和审美发现。

二、教学目标

序号	内容目标	核心素养目标
1	结合注释，理解课文大意，自主积累"举案齐眉""蜗角虚名""伯劳""鱼雁"等重要典故和意象	语言建构与运用
2	探讨优美唱词背后潜藏的复杂情思，建构丰富而立体的崔莺莺形象	思维发展与提升
3	通过中西方戏剧选段的比较和对照，感受本文曲词的独特审美意境	审美鉴赏与创造
4	体会中国传统戏曲中渗透的民族审美心理，力求有自己的发现	文化传承与理解

三、教学思想

基于新课标中"文化传承与理解"这一核心素养的旨向和《中华优秀传统文化进中小学课程教材指南》的意见，让"继承和弘扬中华优秀传统文化"

在课堂教学中真正落地，我特地选用元杂剧名作《长亭送别》，引领学生感受本文独特的审美意境，探讨优美唱词背后潜藏的复杂情思，建构丰富而立体的崔莺莺形象。通过比较阅读，学生体会中国传统戏曲中渗透的民族审美心理，力求有自己的发现，厚植中华文化底蕴，增强传承中华优秀传统文化的责任感和使命感。

　　课堂教学秉承"学习有动力，课堂有活力，师生长能力"的理念，创设真实的学习情境，给予学生学习动力；提供学习支架，给予学生可持续学习的方法；设计学习任务和学生活动，激发学习兴趣，培养学生的语文核心素养。

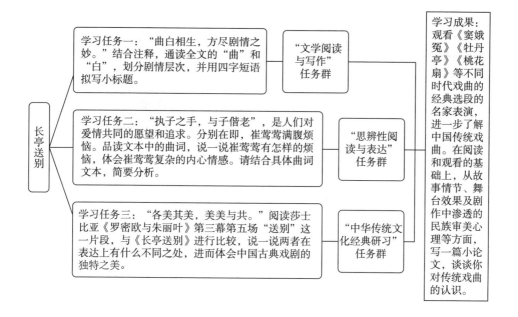

四、课程资源

（一）课题、项目

1. 《重构校园生活：普通高中大美与课程体系建构》。

2. 《基于书院文化的高中语文"审美课堂"研究》。

（二）参考书籍

1. 王国维《宋元戏曲考》："元剧最佳之处，不在其思想结构，而在其文章。其文章之妙，一言以蔽之，曰：有意境而已矣。何以谓之有意境？曰：写情则沁人心脾，写景则在人耳目，述事则如其口出是也。古诗词之佳者，无不如是。"

2.《罗密欧与朱丽叶》第三幕第五场（节选）。

(三) 影视资源

越剧、昆曲：《西厢记·长亭送别》。

五、教学内容

苏教版高中语文必修五第二单元《长亭送别》。

通过三个学习任务的设置，驱动学生自主梳理与研读，理清《长亭送别》的故事情节，品读富有代表性的曲词，感知元杂剧的语言特色，获得审美愉悦和审美发现。进而走进主人公崔莺莺的内心世界，理解其思想情感的丰厚。并通过跨文化比较阅读，深切体会中外戏剧在审美形式和意蕴上的差异。由浅入深，由中至外，形成对中华优秀传统文化的纵向深入理解，坚持文化自信，提高社会责任感和审美品位。

六、教学重点与难点

1. 探讨优美唱词背后潜藏的复杂情思，建构丰富而立体的崔莺莺形象。
2. 通过中西方戏剧选段的比较和对照，感受本文曲词的独特审美意境，力求有自己独特的审美发现。

七、教学方法与工具

1. 教学方法：拟采用自读感悟、教师点拨和合作探究等方法。
2. 教学工具：大美育课程基地和语文多媒体综合教室。

八、教学安排

(一) 导入

《西厢记》的曲词是"词藻警人，余香满口"，但是它的纸本故事曾经一度是禁书，"私订终身"这样的戏码有违礼教，少男少女是不准阅读的，《红楼梦》中的两位主人公贾宝玉和林黛玉只能私下里偷偷阅读。时代进步了，今天我们可以在课堂上研读《西厢记》的选段《长亭送别》。

（二）学习任务一：赏叙事之美

"曲白相生，方尽剧情之妙。"结合注释，通读全文的"曲"和"白"，划分剧情层次，并用四字短语拟写小标题。

【设计意图】请同学上黑板板演，提高学生的课堂参与度，激发学生展开学习活动的热情。学生需要立足文本，根据人物的上下场、时间、地点转化等信息，划分场景，进而围绕核心事件和主人公崔莺莺，概括情节。在此过程中，学生要有自己的理性思考和审美表达。

【教师点拨】关注元杂剧中宾白所蕴含的情节信息。

【明确】

第一层：1.【端正好】——3.【叨叨令】赶赴长亭

第二层：4.【脱布衫】——11.【朝天子】长亭饯别

第三层：12.【四边静】——17.【二煞】长亭嘱咐

第四层：18.【一煞】——19.【收尾】长亭目送

（三）学习任务二：品情感之丰

"执子之手，与子偕老"，是人们对爱情共同的愿望和追求。分别在即，崔莺莺满腹烦恼，从"好烦恼人也呵"到"遍人间烦恼填胸臆"。品读文本中的曲词，说一说相府小姐崔莺莺有怎样的烦恼，体会崔莺莺复杂的内心情感。回答时要结合曲词，做简要分析。

【设计意图】促使学生抓住直接表露人物情感的曲词，反复朗读，分析崔莺莺烦恼的原因，在阅读中获得感性体验和理性认知，对人物内心的复杂性有深入体认，同时选择用精准的词语表达自己的审美体验，表现自己心中丰富的人物形象。

【预设】学生能够抓住关键情感词"恨""怨""相思""念"等词，体会崔莺莺对张生的不舍、对功名利禄的不屑、对未来的担忧。但是对崔莺莺与张生在人生价值观上的矛盾很可能会忽略，对崔莺莺内心的绝望体会不深刻。

【教师点拨】结合人物关系、人物处境分析崔莺莺的复杂内心。

情节	曲词	分析
赶赴长亭	【滚绣球】恨相见得迟，怨归去得疾。柳丝长玉骢难系，恨不倩疏林挂住斜晖。马儿迍迍的行，车儿快快的随，却告了相思回避，破题儿又早别离。听得道一声"去也"，松了金钏；遥望见十里长亭，减了玉肌；此恨谁知？	"恨""怨"乃是一种心爱之人要远行时的离愁别绪，借由无理之恨、夸张、反复等手法强调崔莺莺对张生的炽热情感和离别时的痛苦、不舍之情。
长亭饯别	【朝天子】暖溶溶的玉醅，白泠泠似水，多半是相思泪。眼面前茶饭怕不待要吃，恨塞满愁肠胃。"蜗角虚名，蝇头微利"，拆鸳鸯在两下里。一个这壁，一个那壁，一递一声长吁气。	筵席间有老夫人、长老、张生和红娘，崔莺莺的离愁别绪中有了新的烦恼。 崔莺莺此时的"恨"乃是一种怨恨，对张生上朝取应一事表达不满，因在崔莺莺的心中与张生两人的情感远重于功名利禄。由此，我们可以看到崔莺莺身上极为重情的一面以及叛逆的性格。
长亭饯别	【四煞】这忧愁诉与谁？相思只自知，老天不管人憔悴。泪添九曲黄河溢，恨压三峰华岳低。到晚来闷把西楼倚，见了些夕阳古道，衰柳长堤。	当老夫人和长老先行离开，留下崔莺莺独自与张生话别时，崔莺莺的情感表露对象是心爱的人，无须顾忌长辈在场，情感表露得更透彻。 崔莺莺的忧愁离恨中不仅仅有对别后自己相思之苦的担忧，还有对张生上京一路上风餐露宿的牵挂和担忧，我们可以看出崔莺莺对张生的爱是一种有温度、有细节的真挚情感。除此之外，由"这忧愁诉与谁""相思只自知"两句我们还可以感到崔莺莺的孤独，这种孤独感又不是离别后孤独一人的相思寂寞可以解释的，其中透露出崔莺莺内心的无助。
长亭嘱咐	【二煞】你休忧"文齐福不齐"，我则怕你"停妻再娶妻"。休要"一春鱼雁无消息"！我这里青鸾有信频须寄，你却休"金榜无名誓不归"。此一节君须记，若见了那异乡花草，再休似此处栖迟。	一个"怕"字，连续四个"休"字，惶恐不安和无助之情溢于言表。所以，当张生上马远去，徒留崔莺莺一人长亭送别时，她的心情更加沉重，有了"夕阳古道无人语，禾黍秋风听马嘶"这样恍恍惚惚的幻听，有了"遍人间烦恼填胸臆"这样直白夸张的抒情。

（四）学习任务三：悟文化之美

"各美其美，美美与共。"阅读莎士比亚《罗密欧与朱丽叶》第三幕第五场"送别"这一片段，与《长亭送别》进行比较，说一说两者在表达上有什么不同之处，进而体会中国古典戏剧的独特之美。

【设计意图】引导学生赏读莎士比亚经典戏剧《罗密欧与朱丽叶》中的"送别"片段，获得审美体验。同时，自由讨论，开展审美思考和探究，从表达上比较中西方戏剧在审美上的不同倾向，由此拓展审美视野，加强民族审美认同感。

《长亭送别》

【端正好】碧云天，黄花地，西风紧，北雁南飞。晓来谁染霜林醉？总是离人泪。

【一煞】青山隔送行，疏林不做美，淡烟暮霭相遮蔽。夕阳古道无人语，禾黍秋风听马嘶。我为甚么懒上车儿内，来时甚急，去后何迟？

【收尾】四围山色中，一鞭残照里。遍人间烦恼填胸臆，量这些大小车儿如何载得起？

《罗密欧与朱丽叶》

【朱丽叶】你现在就要走了吗？天亮还有一会儿呢。那刺进你惊恐的耳膜中的，不是云雀，是夜莺的声音；它每天晚上在那边石榴树上歌唱。相信我，爱人，那是夜莺的歌声。

【罗密欧】那是报晓的云雀，不是夜莺。瞧，爱人，不作美的晨曦已经在东天的云朵上镶起了金线，夜晚的星光已经烧烬，愉快的白昼蹑足踏上了迷雾的山巅。我必须到别处去找寻生路，或者留在这儿束手等死。

【预设学生】

1. 《长亭送别》以唱词为主，全套曲词构成一个完整的意境，具有一种意境美。作者选择暮秋时富有特征的景物组合意象，与人物的离愁别恨融合在一起。景是离人眼中的秋景，仿佛带着浓浓的愁绪，情由于景的渲染烘托而表现得更突出。随着场面的转换，我们陪同剧中人在如画的风景中漫游，进入诗化的境界。这样，在戏剧冲突之处就增添了新的审美因素。

2. 《罗密欧与朱丽叶》则是戏剧对话，其中虽然也提到"云雀""夜莺""晨曦""流星""太阳"等，但并不是为了构成意境，而只是优美巧妙的比喻,是莎士比亚式的比喻;更多地采用表现人物命运的、感情浓烈、富有诗意的对话来推动情节,展示人物性格;有强烈的戏剧冲突色彩。

【教师点拨】为了营造意境,《长亭送别》还运用典故、引用、对偶、重叠、儿化等手法,使感情一步步缓慢释放,表达含蓄而又优雅,表现出东方人特有的情感世界。

《罗密欧与朱丽叶》直白大胆,句式反复排比,构成莎翁特有的排比气势,表现炽烈的爱情,表现人物的悲剧命运。

【小结】

以《长亭送别》为代表的中国古典戏剧不用写实的手法,不求生活的逼真,而是构成一种虚拟的效果,追求一种美的、抒情的极致,符合中国传统审美情趣。

九、教学评价

本节课基本完成了既定的教学目标,学生通过反复品读崔莺莺的唱词,能够抓住情感词和典型意象揣摩人物内心的复杂情感,自主建构丰富而立体的崔莺莺形象。学生通过中西方戏剧选段的比较和对照,产生了自己的独特的审美体验,但是在表达自己的审美发现时,还应升华这一对比探究的当下契机,在阅读优秀古典文学作品时,有意识地尝试审美创造,表现中国传统美学的魅力。

十、预习任务与课后作业

(一) 预习任务

结合注释,通读全文,划分剧情层次,并用四字词语拟写小标题。

(二) 课后作业

中国传统戏曲有着悠久的历史,形成了多姿多彩的艺术风格,课后阅读拓展资料,大致了解宋元以来传统戏曲的情况,观看《窦娥冤》《牡丹亭》《桃花扇》等不同时代戏曲的经典选段的名家表演,进一步了解中国传统戏曲。在阅读和观看的基础上,从故事情节、舞台效果及剧作中渗透的民族审美心理等方面,谈谈你对传统戏曲的认识。

《长亭送别》教学感言

这节课主要体现了审美课堂的内容美、结构美、共情美。

（1）文本选择的内容美

元杂剧是古典文学的一朵奇葩，而《长亭送别》又是花丛中最美的一朵。无论是戏曲语言还是崔莺莺的复杂情感，都具有超越时空的恒久价值。通过这篇文章的教学，学生可以初步了解元杂剧的基本样式，掌握欣赏元杂剧的基本方法，获得杂剧的审美体验。

（2）课堂教学的结构美

这节课的教学过程主要分成两部分，第一部分侧重学生朗读体会，第二部分侧重学生讨论和总结，其中老师的示范引导是贯穿始终的。

（3）文本体验的共情美

在课前，学生因为情感体验不足，难以理解这种离情。通过课上的朗读体验，学生了解了崔莺莺的独特心理，对她送别张生的复杂情感有了很好的理解和感受。在讨论曲词的过程中，学生也非常完整地分析了崔莺莺的复杂情感，对崔莺莺的心情感同身受，沉浸在离别的氛围中。

专家点评

首先，文体特色得到彰显。能紧扣元杂剧的文体样式，结合人物的宾白、唱词的特色，引导学生阅读文本，实现学会欣赏阅读元杂剧。

其次，朗读设计新颖出彩。对人物的宾白和唱词的情感、态度融入朗读，尤其是品味宾白时，教师的示范精彩，学生的呈现惊艳。

再次，审美体验深刻独特。鉴赏曲词时紧扣唱词的语言、意境、情感，对学生讨论分析的引导到位，紧扣文本，分析全面深刻。有形式之美、语言之美、情感之美、形象之美等。

最后，引经据典凸显文采。讲课注重文学鉴赏，引用了叶圣陶等许多名家的评价，让学生从另外的角度感受文本的美学价值。

——盐城教育科学院特级教师　朱焕

《兵车行》教学设计

执教　陈彬洁

一、学情分析

学生已经学过杜甫的若干文学作品，对于诗人的生平经历和忧国忧民的形象有大致了解，而且经过《唐诗宋词选读》前三个单元的学习，对诗词专题学习有了一定经验，积累了丰富的古诗词读解技能，能够结合注释，基本理解诗词大意，对修辞、表现手法、语言风格等艺术特色也具备一定的鉴赏能力。

但是学生此前接触的多是杜甫的律诗，对杜甫的乐府诗"寓情于事"的特点还比较陌生，另外，对杜诗"沉郁顿挫"的艺术风格尚缺乏理性的思辨和分析意识。

二、教学目标

序号	内容目标	核心素养目标
1	结合注释，理解《兵车行》的诗句意思	语言建构与运用
2	从语言、形象、情感等多维角度品味诗中"哭"字的审美意蕴	思维发展与提升
3	通过想象征兵场景，感知乐府诗"寓情于事"的美学价值	审美鉴赏与创造
4	探讨杜甫诗"沉郁顿挫"的诗歌风格，体悟"以天下为己任"的中国士大夫精神	文化传承与理解

三、教学思想

基于新课标中"文化传承与理解"这一核心素养的旨向和《中华优秀传统文化进中小学课程教材指南》的意见，让"继承和弘扬中华优秀传统文化"

在课堂教学中真正落地，我特选用杜甫的名作《兵车行》，引领学生通过想象征兵场景，感知乐府诗"寓情于事"的美学价值；探讨杜甫诗"沉郁顿挫"的诗歌风格，体悟"以天下为己任"的中国士大夫精神；厚植中华文化底蕴，坚持文化自信，增强传承中华优秀传统文化的责任感和使命感。

课堂教学秉承"学习有动力，课堂有活力，师生长能力"的理念，创设真实的学习情境，给予学生学习动力；提供学习支架，给予学生可持续学习的方法；设计学习任务和学生活动，激发学习兴趣，培养学生的语文核心素养。

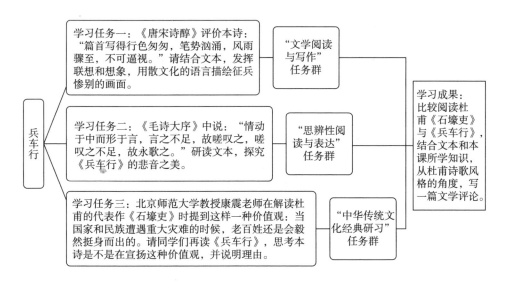

四、课程资源

（一）课题、项目

1. 《重构校园生活：普通高中大美与课程体系建构》。

2. 《基于书院文化的高中语文"审美课堂"研究》。

（二）参考书籍

1. 苏教版《唐诗宋词选读教学参考书》。

2. 杜甫著《石壕吏》《潼关吏》《新安吏》《丽人行》等乐府诗。

3. 冯至著《杜甫传》。

4. 葛晓音著《论杜甫的新题乐府》等。

（三）影视资源

1. 南京大学公开课：莫砺锋《诗意人生五典型》。

2. 英国广播公司（BBC）纪录片《杜甫：最伟大的中国诗人》等。

五、教学内容

苏教版高中语文《唐诗宋词选读》第三单元《兵车行》。

通过三个学习任务的设置，驱动学生运用形象思维想象征兵惨别的场景，围绕"悲音之美"自主研读文本，探究杜甫忧国忧民的博大胸怀和"沉郁顿挫"的诗歌风格，进而体悟"以天下为己任"的中国士大夫精神，层层深入，形成对中华优秀传统文化的纵向深入的理解。

六、教学重点与难点

1. 从语言、形象、情感等多个角度发现品味诗中"哭"字的审美意蕴。

2. 探讨杜甫诗"沉郁顿挫"的诗歌风格，体悟"以天下为己任"的中国士大夫精神。

七、教学方法与工具

1. 教学方法：拟采用自读感悟、改写体验和合作探究等方法。

2. 教学工具：大美育课程基地和语文多媒体综合教室。

八、教学安排

（一）导入

同学们，今天我们一起来学习杜甫的名篇《兵车行》。"行"是乐府诗歌的一种体裁，我们学过《长干行》《从军行》《短歌行》，这些都是乐府旧题。而《兵车行》是杜甫自创的乐府新题，元稹认为是"即事名篇，无复依傍"。何为"即事名篇"？这就是指依据发生的事情为诗篇命名。

那么，《兵车行》这首叙事诗记叙了一件什么事情呢？

【齐读】【明确】叙述了征兵出发，亲友送别；役夫向道旁过者申诉怨恨。

《资治通鉴》卷二百一十六载："天宝十载四月，剑南节度使鲜于仲通讨南诏蛮，大败于泸南。……杨国忠掩其败状，仍叙其战功。制大募两京及河南北兵以击南诏。……杨国忠遣御史分道捕人，连枷送诣军所。于是行者愁怨，父母妻子送之，所在哭声振野。"

《兵车行》比历史记载更富有细节和感染力。

（二）学习任务一：赏描摹之真

《唐宋诗醇》评价本诗："篇首写得行色匆匆，笔势汹涌，风雨骤至，不可逼视。"请结合文本，发挥联想和想象，用散文化的语言描绘征兵惨别的画面。

【设计意图】学生需要立足文本，体会送别场面描写渲染的悲怆氛围，然后运用联想和想象，用散文化的语言传达出自己的审美体验，增强形象思维能力，进而追求审美创造。

车辚辚，马萧萧，行人弓箭各在腰。

耶娘妻子走相送，尘埃不见咸阳桥。

牵衣顿足拦道哭，哭声直上干云霄。

生1：大路上车轮滚滚战马嘶叫，出征的青年弓箭挂在腰间。父母和妻儿纷纷跑来相送，灰尘弥漫天空不见咸阳桥。亲人们牵扯着衣服、跺着脚拦路痛哭，凄惨的哭声直冲云霄。

生2：兵车隆隆，战马嘶鸣，一队队被抓来的穷苦百姓，换上了戎装，佩带了弓箭，在官吏的押送下，正开往前线。征夫的父母和妻儿乱纷纷地在队伍中寻找、呼喊自己的亲人，扯着亲人的衣衫，捶胸顿足，边叮咛边呼号。车马扬起的灰尘，遮天蔽日，千万人的哭声汇成震天的巨响在云际回荡。

教师点评：运用想象，呈现动态的画面感，给人以审美体验。

生3：车轮滚滚向前，烟尘弥漫，壮丁们的腰上刚刚配上弓箭，在一声声士卒的呵斥声中拖着疲惫的步伐前行，后方队伍歪歪斜斜，老头、老太、妻子、儿女匆匆忙忙赶来告别，妻子一手拉着孩子，一手去拉丈夫，无奈队伍行动迅速，脚下慌乱跟不上，孩子不小心跌倒，哇哇大哭，妻子不得不回头抱起孩子，一转身的功夫，丈夫淹没在茫茫人海里，妻子抱着孩子一边往前跑，一边张望寻人，着急忙慌地哭起来；年纪大的老头老太走不快，伸长双手，一声又一声地号哭；孩子、妇女、老人的一阵阵哭声，引得壮丁们频频回头，有的停下脚步，想和亲人说句告别的话，士卒立刻上前呵斥，又推操着他们往前跑……

教师点评：视觉、听觉，现场感；从审美体验到审美创造。

（过渡）"征兵惨别"的场景，集中展现了成千上万家庭妻离子散的悲剧，"冲上云霄的哭声"久久回荡在耳畔。

（三）学习任务二：品悲音之美

《毛诗大序》中说："情动于中而形于言，言之不足，故嗟叹之，嗟叹之不足，故永歌之。"研读文本，探究《兵车行》的悲音之美。

【设计意图】引导学生研读文本中的细节，分析语言文字背后蕴含的情感和文化内涵，展开深度思考，从而感知杜甫沉郁顿挫的诗歌风格，提升审美鉴赏能力和审美品位。

"牵衣顿足拦道哭"，为何而哭？

【明确】（1）一个家庭支柱、主要劳动力被抓走了，剩下来的尽是一些老弱妇幼，对一个家庭来说不啻是滔天大祸。（2）"走"，说明征兵的突然、仓促，这些征夫壮丁（"炮灰"）未经正规化军事训练，走上战场的结局可想而知，生离形同死别。

【提问】失去了征夫的家庭会是怎样的生活？

君不闻，汉家山东二百州，千村万落生荆杞。

纵有健妇把锄犁，禾生陇亩无东西。

——田园荒芜，满目凋敝（山东：华山以东的原田沃野千村万落，变得人烟萧条，田园荒废，荆棘横生，满目凋残。）

且如今年冬，未休关西卒。

县官急索租，租税从何出？

——租税繁重，逼租急迫

信知生男恶，反是生女好。

生女犹得嫁比邻，生男埋没随百草。

【教师点拨】在封建社会里，儿子是养老送终的依靠，现在都战死了，自然还不如生女孩子好，在近处有个照应和指望。"信知"表明原本的价值体系已经颠覆，可是，生女真的好吗？嫁到邻村的女孩会是什么命运呢？其实女孩子嫁过去也是独守空闺的悲剧命运。——心灵创伤，价值扭曲。

"健妇把锄犁"，颠覆了"男耕女织"的正常劳动分工。而"生女好"的安慰话，正是战争夹缝中艰难生存的百姓的无奈之语，更深刻地揭示了长久的征战和牺牲给百姓心理带来的创伤。

【提问】征夫为什么痛哭？

或从十五北防河，便至四十西营田。

去时里正与裹头，归来头白还戍边。

况复秦兵耐苦战，被驱不异犬与鸡。

【小结】冲上云霄的哭声中饱含了眷恋、悲怆、愤恨、绝望的复杂心绪。

【提问】耶娘妻子痛哭，征夫痛哭，还有哪些哭声？

（1）尚未被征兵的家庭哭："边庭流血成海水，武皇开边意未已。"

（2）鬼哭：

君不见青海头，古来白骨无人收。

新鬼烦冤旧鬼哭（互文），天阴雨湿声啾啾。

——青海边的古战场上，平沙茫茫，白骨露野，阴风惨惨，鬼哭凄凄，场面凄清悲怆，情景寂冷阴森。这里，凄凉低沉的氛围和开头那种人声鼎沸的场景，悲惨哀怨的鬼泣和开头那种惊天动地的人哭，形成了强烈的对照。（人鬼同泣）

【教师点拨】青海头历史的尸骨、新进战死尚未来得及掩埋的尸骨、刚被征用正奔赴边疆的活人……好像电影蒙太奇的效果，不同时空死人、活人同哭同泣的图景，令人难以忘怀。

（3）杜甫哭：

征夫、耶娘妻子、道旁行人、新鬼冤鬼……所有形象背后都是"杜甫"，诗人自己却隐退到幕后，只作为事件的真实记录者。

【教师点拨】诗人驰骋想象，"咸阳""山东""关西""青海头"，从眼前的闻见送别悲情，联想到全国处处征兵，由此带来的生活惨状，从一点推及至普遍，从此刻到未来，层层深入，意义推进，顿挫有致，情感沉郁深挚，表达了对黎民百姓深切的同情和悲悯，对国事的担忧。杜甫不愧"诗圣"之名。

【小结】"沉郁顿挫"的诗歌风格，忧国忧民的"圣人之心"。

（四）学习任务三：悟情怀之深

北京师范大学教授康震老师在解读杜甫的代表作《石壕吏》时提到这样一种价值观：当国家和民族遭遇重大灾难的时候，我们的老百姓还是会毅然挺身而出的。请同学们再读《兵车行》，结合文本，思考本诗是不是在宣扬这种价值观，并说明理由。

【设计意图】引导学生在阅读文学作品时，要调动理性思维，运用批判性思维审视语言文字作品，探究和发现不同见解背后的逻辑关联，并尝试有理有据地表达自己的观点，增强自己思维的深刻性和灵活性。

"朱门酒肉臭，路有冻死骨。"

"穷年忧黎元，叹息肠内热。"

"致君尧舜上，再使风俗淳。"

【小结】在国家民族遭遇重大灾难时，百姓当然应该毅然挺身而出，但是，"以天下为己任"的杜甫，与黎民百姓同在，当黎民百姓饱受战争之苦时，他为百姓发声，洞见时弊。杜甫用满腔的仁者爱心去拥抱满目疮痍的世界，这场战争关涉的方方面面，包括征夫、怨妇、百姓、宰臣、君主、国家等都囊括在他的诗中。他的爱充满了同情、悲悯、惋惜、忧愤等复杂情绪，这正是体现了传统士大夫"以天下为己任"的责任担当。

杜甫以一介布衣而跻身圣贤之列，其实质就是对平凡人生的巨大超越。

在物质生活的层面上，杜甫流落饥寒，穷愁潦倒，终生处于极为低下的水平。然而他在人格精神上达到了崇高的境界，他以忧国忧民的伟大胸怀超越了叹穷嗟卑的个人小天地，他以宏伟远大的精神追求超越了捉襟见肘的物质环境，从而将充满苦难的人生提升到诗意盎然的境界。一部杜诗，展示了崇高的人格境界，蕴含着充沛的精神力量。后人阅读杜诗，在获得巨大审美享受的同时，也获得深刻的精神启迪。（莫砺锋《诗意人生》）

九、教学评价

本节课基本完成了既定的教学目标，引领通过想象征兵场景，感知乐府诗"寓情于事"的美学价值。探讨杜甫诗沉郁顿挫的诗歌风格，体悟"以天下为己任"的中国士大夫精神，坚持文化自信。但是在探讨杜甫"沉郁顿挫"的艺术风格这一问题时，可以补充相关的"三吏""三别"等经典作品，增强学生的审美体验。希望配合课后作业，能够引领学生从《兵车行》这篇文本走向历史文化深处，视野扩展到文学史和文化史，感知传统文化的魅力，厚植中华文化底蕴。

十、预习任务与课后作业

（一）预习任务

《唐宋诗醇》评价本诗："篇首写得行色匆匆，笔势汹涌，风雨骤至，不可逼视。"请结合文本，发挥联想和想象，用散文化的语言描绘征兵惨别的画面。

（二）课后作业

比较阅读杜甫《石壕吏》与《兵车行》，结合文本和本课所学知识，从杜甫诗歌风格的角度，写一篇文学评论。

后 记

这个夏天特别炎热。无论是早晨、中午还是晚上,窗外的蝉鸣似乎就没有停过。

这个夏天特别紧张。先是学生高考出分、志愿填写,然后是女儿中考、志愿填写,两个学术活动,还有就是不停地敲击键盘,努力完成书稿。

这个夏天也特别充实。学生高考考出了学校近些年的新高度,女儿中考也如愿进入了南菁高级中学,学术活动也还顺利,书稿也到了写后记的时候!

这个册子原本是打算在省"十三五"教育规划课题"基于南菁书院文化的高中语文审美课堂研究"结题的时候就作为成果出版的。但是,2020 年年初的时候,有老师跟我说,你这个研究课例都是苏教版时代的,等书出来早就使用统编版教材了!于是就想再等等,等我使用完一轮统编版教材再说。而 2019 年秋学期到 2022 年春学期,这一轮我们尽管要参加新高考,但我们使用的仍然是老教材。所以,书中也保留了一些苏教版教材的案例。在"等"的过程中,我把希望更多地寄托在了新一届使用新教材的团队老师们身上,自己则慢慢懈怠了。

好在南京师范大学出版社的领导和编辑一直没有放弃这个选题。2021 年10 月 27 日,出版社崔兰主任给我打来电话,第一次催稿。当时高三正快要进行期中考试,我应承了下来。想着已经有一些研究成果了,到时候换一些课例就行了。简单和研究团队交代几句,就忙着高三工作了。很快到了年底,崔主任又来催稿。有过高三教学经历的老师大概都能了解农历年底对高三教学意味着什么。纵我有三头六臂,也只能在学生的分数面前努力施展。我一边晚上开始着手整理课例，一边再请同事提供新教材课例。我原以为寒假可以出点成绩的，结果严重的新型冠状病毒感染疫情导致学校停学上网课，比上课还忙还乱；奶奶身体抱恙离世……写作随着疫情的反复和复习的推进而时断时续。尽管高考前一个月江阴还有疫情，但高考总算顺利结束了。崔主任第三次催稿。我也没有任何理由推脱，努力投入写作过程中。幸亏崔主任宽容，也幸亏同事们给力。这个阶段虽不时有干扰、有困惑，但总算在各方的共同努力下，排除了干扰、解开了困惑。于是，电脑里的文字总算有点像样地呈现在我的面前。

昨晚，我把分章节写的文字按顺序排列起来，越看心里越忐忑：有些观点我是这样想的吗？有些表达能说出我的意思吗？有些案例能支撑我的意图吗？……我竟然有了心虚的感觉！可这些分明是我自己逐字地敲进电脑的啊。审美课堂作为课堂转型时期的学校改进成果是有理论基础、政策支撑的，团队老师们的辛勤实践和反复研讨是有时间保证、效果验证的，课题研究和推进是得到专家们的认可并在专家指导下调整和改进的……这样回顾起来，忐忑的心情才又逐渐平静下来。

小册子中有些章节的内容是课题研究过程中发表过的，只是做了一些个人认为契合新课标、新教材、新高考的调整；有些章节是从形成体系的角度，加以完善的全新的观点和内容，希望相较于课题结题报告更充实和饱满；需要诚恳说明的是，这三年除了部分自己在各个场合应邀上过的新教材的课，大多课例来自江苏省南菁高级中学语文组的老师们，一些观点也出自参与课题研究的老师。对校外老师的课例，在写作过程中都已做了注释。在此一并表示感谢！所以，在某种程度上，这本书也是集体的成果。

新的一学年，我自己将有机会系统实践新课标背景下的新教材教学。我在想，以目前这本小册子指导教学的话，我还有哪些没搞明白的——首先是审美课堂视域下的教材整合，目前有了观念，有了方向，实操的案例支撑还不够；其次是对教材美点的开掘和语文核心素养的对应关系还没有理顺，目前看是笼统的、模糊的；最后是对新教材背景下审美课堂的样态样貌，诸如生命（学生）之美、生机（课堂活力）之美、生态之美、成长（学生与目标）

之美、过程（课堂的流程、三维呈现）之美、风格之美、哲学之美、逻辑之美、文化之美等还有探究空间。这些将是我在新教材教学过程中着力研究和实践的。

感谢江苏省南菁高级中学语文特级教师、正高级教师杨培明校长，历史特级教师、正高级教师马维林副校长给予课题研究的支持和鼓励！感谢南菁高中语文组参与课题研究的同人多年来的辛勤探索和鼎力支持，他们是寇永升老师、高海华老师、胡洁老师、张卓君老师、陈彬洁老师、刘毅然老师……感谢江阴市教师发展中心高中研训室刘生权副主任的推广支持！感谢江苏省高中语文教研员、特级教师、正高级教师张克中先生亲自写序言！特别感谢课题研究和文本写作过程中给予全程学术指导的特级教师、原盐城市教科院语文教研员朱焕老师！

感谢南京师范大学出版社崔兰主任的一再宽容、理解和支持！感谢责任编辑张丽琼为本书顺利出版做出的各种努力和贡献！

敲完这行字的时候，一场暴雨刚刚停歇，空气中有了些许清凉的感觉。聒噪的蝉鸣声也小了许多。出去走走吧，去屋外享受清凉。

期待高中语文审美课堂不仅能让人感受其中的美，同时吸引更多的人近距离享受其中的美！